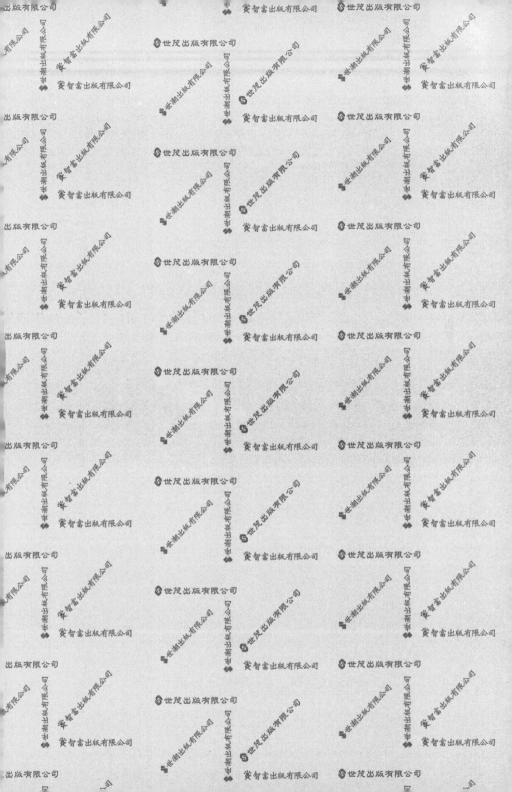

圖解印度

Michi Kaihata ◎著
王俞惠◎譯

前言

對我來說，撰寫自己最喜愛的「印度」，是比什麼都開心與值得深思的時刻。然而，在進行這項工作的同時，我也經常感到苦不堪言。

因為，我對這個國家一無所知。要如何表現「印度」這個廣大且充滿多樣性，以及超越想像的國家？這個國家至少有四、五十種多樣化的語言與民族，而「宗教」更是與每個人的生活甚至人生息息相關，可以說是一種絕對性的存在。無論我寫什麼，都只是印度這座大冰山中的一小角，愈寫就愈覺得自己不了解印度；愈看就愈覺得自己會迷失在這座迷宮之中。然而有時候，我也會忽然覺得也許這樣才是好現象，因為這個所謂的「未知」也許正是「印度」。換句話說，告訴我自己這種無力感與世界之寬廣的，就是印度本身。

本書從經濟、政治到文化等各層面來介紹印度。除此之外，還刊載了我多次前往印度進行取材時的報導，並且儘可能地努力向讀者們傳達印度現今的樣貌及人們的心聲。

攀登喜馬拉雅山、在恆河凝望火葬場、於德蕾莎修女之家擔任義工等，是我二十二歲時的事。若要我舉出世界上讓自己從此改變價值觀的國家，我一定會優先回答「印度」。我想，在印度相遇的許多朋友，也會異口同聲地如此回答。就連我自己的人生也因為在與印度相遇後，而有了明顯的轉變。我想當人們看見某處風景時，明瞭其深蘊的文化和意涵與否，所形容出的風景一定會有所不同。

希望這本書可以對想透過印度感受人生的讀者，提供些許幫助。

目錄

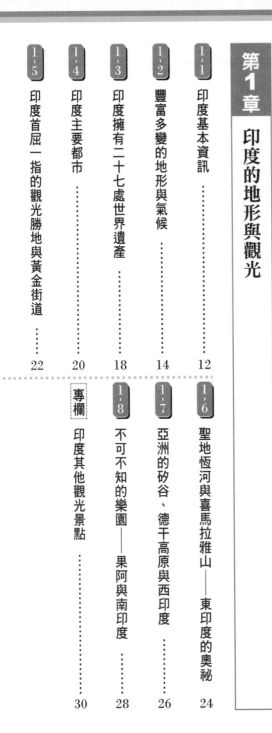

第2章 飛躍的印度經濟

第3章 印度的政治與社會問題

第5章 種姓制度與印度女性

第6章 印度的歷史與偉人

第7章 美味的印度料理

第8章 美妙至極的印度文化

CONTENTS

第1章

印度的地形與觀光

1-1 印度基本資訊

印度共和國——Republic of India（Bharat Ganarajya）

先來看在旅行、企業進駐、股票投資等都吸引世人目光的印度基本資訊！

國旗

印度的國旗由橙、白、綠三色橫條所構成，中央則是古代文明的象徵——法輪（阿育王的神聖之輪）之印。橙色象徵勇氣與犧牲，白色代表真理與和平，而綠色則代表大地與誠實。

國歌

歌詞出自諾貝爾文學獎得主、印度詩聖泰戈爾（Robíndronath Thakur）＊《人民的意志》（*Jana Gana Mama*）。

民族

印度是由土耳其伊朗人、印度雅利安人、塞西達羅毗茶人、雅利安達羅毗茶人、蒙古達羅毗茶人、蒙古人、達羅毗茶人等七種民族構成的多民族國家。

語言

北印度語（Hindi，興地語）是官方語言，英語是輔助官方語言。印度人還使用十八種主要語言與八四四種方言。

其中使用度最高的是北印度語。但北印度語多半在北印度使用，如果前往南印度，也可能會遭遇到完全無法以北印度語溝通的情況。

▲印度國旗。

＊泰戈爾
參見第八章第三節。

印度紙幣上的金額以十五種不同語言標示，由此便可以充分了解印度是一個多民族、多語言的國家。

政治體制

印度採行聯邦共和制，是世界上當權者人數最多的民主國家。國家元首是總統，總理則由總統任命，但實際上總理才是握有政治大權的人。現任的總理是辛哈（Manmohan Singh）。

印度與鄰國巴基斯坦因為喀什米爾主權歸屬問題紛爭不斷，此外發展核武問題也遭受國際的非難，這些都是左右政權走向的重大課題。

國土面積

印度的面積為三二八萬七二六三平方公里，約是臺灣的九十一倍，其國土面積在全世界排名第七大。

人口

二〇〇六年即已超過十一億人，在世界各國中僅次於中國。二〇〇〇～二〇〇五年平均每年的人口增加率為一・六％，因此聯合國人口基金會預估，到了二〇三〇年，印度將會超越中國而成為全世界擁有最多人口的國家。

國內生產毛額（GDP）

二〇〇五年的名目GDP＊（以當期物價計算的GDP）是世界第十二名。若以購買力平價＊換算，印度僅次於美國、中國與日本，排行全球第四位。由於印度擁有廣大領土、豐富資源及理想的人口金字塔，一般預測將來必會有更進一步的發展，並超越中國的經濟成長。無論是旅行、企業進駐、股票投資等各方面，若說印度是現今世界上最受矚目的國家，一點都不為過。

Tip 印度人表示「Yes」時會搖頭，表示「No」時則會點頭。

＊註解見頁三一。

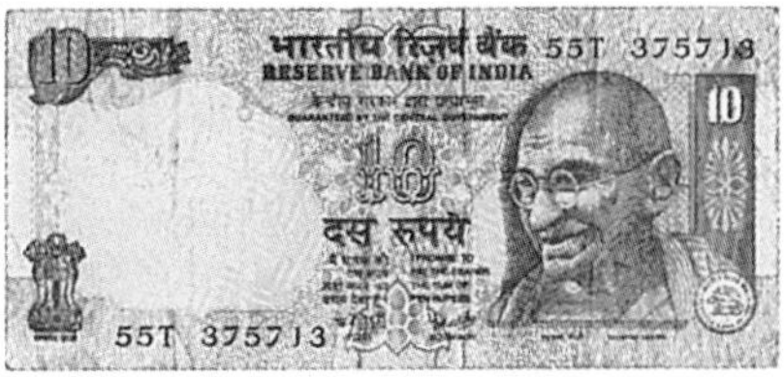

▲印度 10 盧比紙鈔。

▲印度紙幣以 15 種語言標示金額。

1-2

豐富多變的地形與氣候

從喜馬拉雅山脈到沙漠、海灘、熱帶雨林，印度擁有多樣化的地形和氣候。

印度以其酷暑聞名於世。然而實際上，印度由於幅員遼闊，因此依照地域不同，氣候也會有很大的差異。當地季節大致區分為雨季、乾季和熱季三種。

遼闊而複雜的地形

印度的地形大致分為北部的喜馬拉雅山脈、中部的印度大平原及南部的德干高原（Deccan Traps）。最北端的喀什米爾橫跨北緯三十五度線，最南端的科摩林角（Cape Comorin）則正好位於北緯八度。雖然印度在地理位置上的確給人「酷熱」的印象，但由於地形遼闊而複雜，豐富多變的氣候遠超想像。

多樣化的氣候

標高超過六千公尺的山巒連綿起伏的喜馬拉雅山脈，橫跨印度、尼泊爾、西藏、巴基斯坦和不丹，有「世界屋頂」之稱。冬季屬於寒冷型氣候，氣溫最低降至攝氏零下數十度。

中央的廣大平原占了國土的四分之一，人口多集中於此，也是印度最大的農業地帶。

緯度上屬於熱帶地區的南印度，東臨孟加拉灣，西濱阿拉伯海，沿岸有廣大的海灘。此外，南部中央高原的城鎮夏季涼爽，擁有多處氣候宜人的避暑勝地。

▲緊鄰西藏的中印國界湖班公錯。

▲酷熱的塔爾沙漠。（攝影／Serge Duchemin）

左右全國的季風

從印度洋吹來的季風，比任何其他因素都更能左右印度的氣候和景觀。

每年從六月開始一直持續到九月的雨季裡，季風吹拂為各地農業生產帶來了極大的影響。

乾季從十一月開始至次年二月，北部山嶽地帶的氣溫甚至會降至零下數十度，即使是首都德里或聖地瓦拉那西（Varanasi）都會冷到需要藉暖爐或毛毯來保暖。若觀光客在這時期前往北印度地區旅遊，過去所認為「印度相當炎熱」的既定印象便會從此完全改觀。

此外，從三月底一直到進入雨季之前的兩個月間，則是全年氣溫最高的熱季。特別是北印度的氣候會變得極端炎熱，不僅德里周邊地區白天會出現將近四十度的高溫，西北方拉賈斯坦的沙漠地帶，氣溫甚至會上升超過五十度，使得居民都深受酷暑所苦。

乾季與雨季

如果初次拜訪印度，以十一月到二月間氣候宜人的乾季前往為佳。但是相對於南部海岸溫暖的氣候，北部地區早晚相當寒冷。拉賈斯坦的沙漠地帶則較少受季風影響。雨季時節適合前往喜馬拉雅山中聖地巡禮；東印度大吉嶺和北印度山嶽地帶也能享受高原旅行之樂。

季風導致豪雨成災（孟買）

（攝影／Hitesh Ashar）

印度的地形與氣候

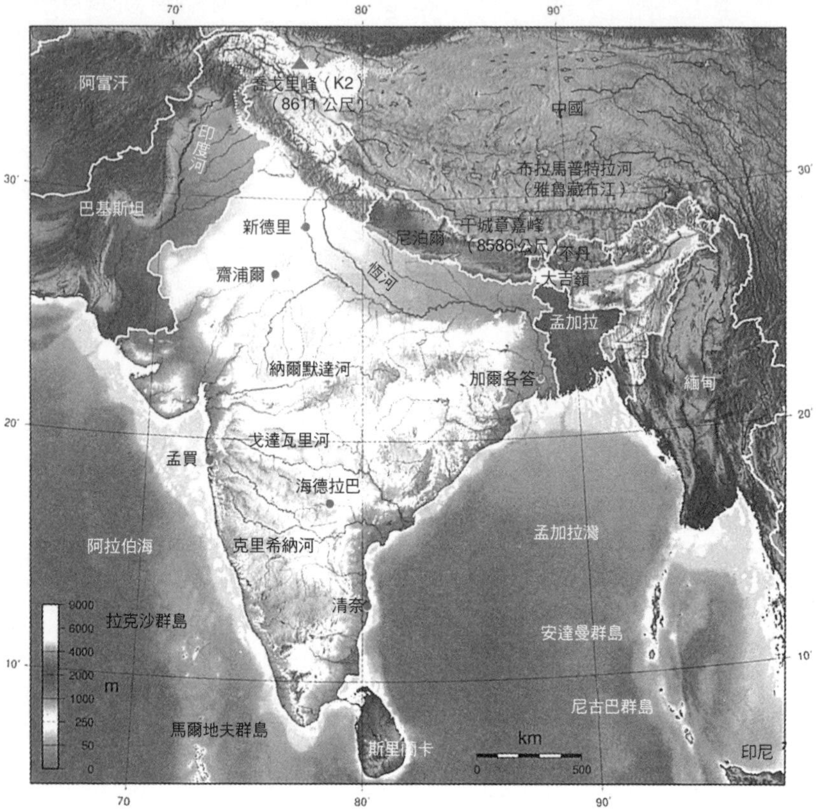

繪圖／Captain Blood

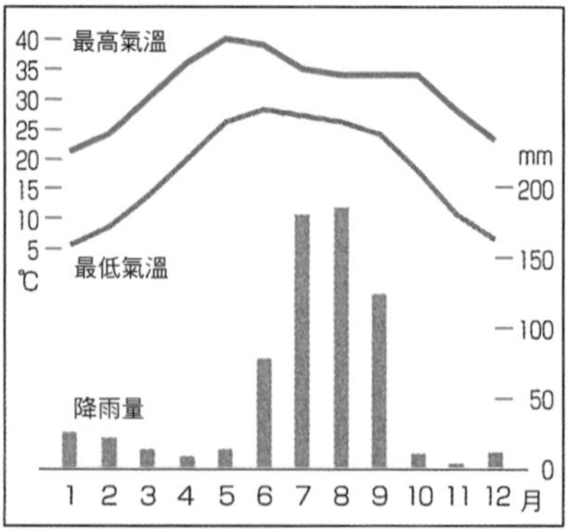

▲新德里的氣候。

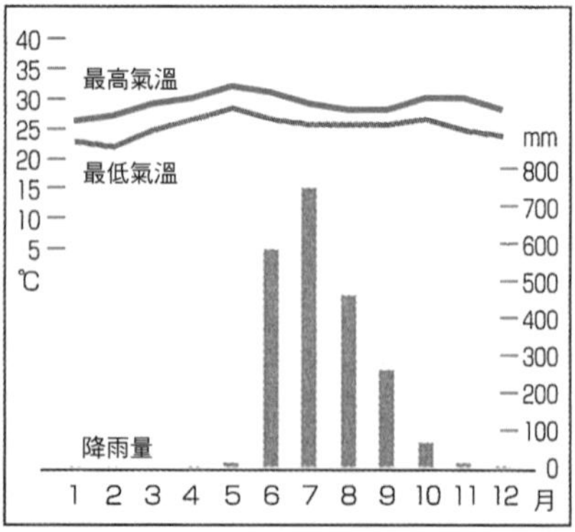

▲孟買的氣候。

印度具代表性的世界遺產

南達德威（Nanda Devi）國家公園與
花之谷（Valley of Flowers）國家公園
德里胡馬雍（Humayun）古墓
德里古德卜尖塔（Qutb Minar）
蓋奧拉笛歐（Keoladeo）國家公園
法第普西克里（Fatehpur Sikri）古跡群
泰姬瑪哈陵（Taj Mahal）
馬納斯（Manas）
野生動物保護區
印度高山鐵路
（Mountain Rail-
ways of India）
卡濟蘭加
（Kaziranga）
國家公園
卡朱拉荷（Khajuraho）寺廟群
桑吉（Sanchi）佛教遺址
松達班（Sundarbans）
國家公園
阿姜塔（Ajanta）石窟群
愛羅拉（Ellora）石窟群
象島（Elephanta）石窟群
科納拉克（Konarak）
太陽神廟
帕塔達卡（Pattadakal）寺廟群
果阿（Goa）教堂和修道院
漢比（Hampi）古跡群
瑪哈巴利普蘭（Mahabalipuram）古跡群
坦賈武爾的布里哈迪斯瓦拉
（Brihadisvara）神廟

▲瑪哈巴利普蘭的雕刻和寺廟群。

▲桑吉佛教遺址。

1-3

印度擁有二十七處世界遺產

遼闊的土地和悠久的歷史孕育出二十七處世界遺產。

無論是舉世聞名的泰姬瑪哈陵，或是人稱「走動的世界遺產」──印度高山鐵路，還是佛教遺跡與修道院等，印度擁有多處不容錯過的世界遺產。

■泰姬瑪哈陵（一九八三年認定）

這是印度最具代表地位的知名世界遺產，蒙兀兒王朝第五代皇帝沙賈汗（Shah Jahan，一六二八～一六五八年在位）為了追悼深愛的皇后慕塔芝・瑪哈（Mamtaz Mahal）難產去世而建。它是全世界最美麗的陵墓，以白色大理石建造，整體雕刻高雅細緻，而且其中蘊藏著皇帝與寵妃的浪漫故事。不過，外國觀光客的門票費用是七五〇盧比（約合新臺幣六二〇元），印度人只需二十盧比，這點頗有「印度式風格」。

■阿姜塔石窟群與阿姜塔洞窟寺院（一九八三年認定）

印度最大的佛教石窟群。位於德干高原西北部，遠離塵囂的瓦格拉河溪谷的絕壁上，綿延六百公尺長，約三十座洞窟。裡頭的壁畫和雕刻描繪釋迦摩尼持一小朵蓮花靜思冥想的模樣，以及哀嘆釋迦摩尼涅槃的諸弟子姿態等。相傳這些作品早在西元七世紀以前即完成，因此公認為是古印度壁畫的最高傑作。

▲泰姬瑪哈陵的門票。

愛羅拉石窟群

它和阿姜塔石窟並列為印度石窟寺院的代表，位於距後者約一百公里的山中。沿著岩山開鑿約三十四座洞窟，南北綿延達兩公里，涵蓋佛教、印度教、耆那教的石窟。愛羅拉石窟不僅展現當時高超的工藝水準，也表達了從佛教時期到印度教時期及耆那教時期，長達四世紀以上三大宗教和平共存的情形。

印度高山鐵路

全世界鐵道迷熱愛的「走動的世界遺產」，開通以來已運行約一二〇年，是世上最古老的高山鐵路。目前列為世界遺產的鐵路，只有印度高山鐵路與奧地利的塞默林鐵路（Semmering Railway）。雖然行駛的僅是長約兩公尺的小型蒸汽列車，但全線高度落差達兩千公尺。從車窗外望，可觀賞沿線村莊居民的生活情景，並享受生機盎然的山岳風光。

印度高山鐵路

▲愛羅拉石窟群。（攝影／Pratheepps）

▲阿姜塔石窟群壁畫。

1-4 印度主要都市

由二十八邦構成的大國的主要都市。

首都德里、居於思想與政治運動領導地位的加爾各答*、首屈一指的商業都市孟買*、南印度中心清奈*等——各具歷史性與獨特性的印度主要都市樣貌。

■北部：德里

首都德里的人口約一千四百萬人，是全國僅次於孟買的大都市。以北印度語、烏爾都語與旁遮普語為主要語言。

歷經古印度時代、伊斯蘭王朝、蒙兀兒帝國等朝代變遷，城市面貌不斷改變。一九一一年，英屬印度的首都從加爾各答遷來，印度獨立後繼續以此地為國都。德里既擁有紅堡和迦密清真寺等古蹟，也存在康諾特廣場等近代建築，還混合了貧民窟，形成巨大的都市。

■東部：加爾各答

直到遷都德里之前，加爾各答都是印度殖民地首都，因此十分繁榮，如今人口超過一千三百萬人。在英國統治時期，本地民族運動發達，印度獨立後又成為產業、商業和運輸的中心而更加興盛，並是全印度的思想、政治運動的領導中心。本地名人輩出，包括詩聖泰戈爾、西塔琴大師拉維・香卡、電影名導演薩雅吉・雷、諾貝爾和平獎得主德蕾

*加爾各答　殖民地時代稱為 Calcutta，二〇〇一年起改成 Kolkata。

*孟買　一九九五年，從舊名 Bombay 改成現名 Mumbai。

*清奈　一九九七年，從舊名Madras改成現在的名稱 Channai。

▲印度的主要都市。

莎修女及經濟學家阿瑪狄亞・森等。

西部：孟買

孟買是臨阿拉伯海的印度最大商業都市，最初是為了出口德干高原生產的棉花而開闢的港灣城市。一四九八年，前來印度的葡萄牙人在此地建立了城堡和教會，並命名為「Bom bay」（意為良港），這便是孟買舊名的由來。

一六六一年，葡萄牙人將此地贈給英國人，由於這裡是印度最接近歐洲的海上門戶，財閥和大資本家應運而生，因此成為印度最大的都市而馳名於世。

南部：清奈

位於印度半島東南方，臨孟加拉灣，人口約六百二十萬人，為南印度最大的城市。在英國殖民統治時期，本地為東印度公司的據點，因此發展成重要的貿易中心。主要產業為稻米和甘蔗等農業。

近年來，本地的製鐵和科技等產業發達，擁有「印度矽谷」美譽的邦加羅爾（Bangalore）和邁索爾（Mysore）等經濟都市也位於附近。

孟買的交通阻塞

Column 近年來，印度積極舉辦為加爾各答、孟買等地進行更名的活動。這些更名活動是為了將從十七世紀初期開始因英國東印度公司的侵略而被迫變更的地名，回復成以當地語言命名的舊名稱，可視為一場印度文化獨立運動。

1-5

印度首屈一指的觀光勝地與黃金街道

周遊三大名城的「金三角路線」。

首都德里的近代街道、阿格拉的泰姬瑪哈陵和齋浦爾大君的宮廷之美——涵蓋三地的「金三角路線」，正是印度首屈一指且最具代表性的觀光路線。

■德里

德里大致分為舊德里和新德里。根據英國殖民時期的都市計劃建設的康諾特廣場位居市區中心，購物中心、辦公大樓、航空公司等林立在其南邊。康諾特廣場邊緣的北側是舊德里廣大的古老街道，這裡留存許多歷史古蹟，包括蒙兀兒帝國繁榮象徵的紅堡，真實反映印度庶民日常生活的老市集——昌德尼朝克街，以及印度最大的清真寺——迦密清真寺等。德里原本是悠久的歷史遺產，但歷經新興都市化的浪潮洗禮，如今已蛻變成浮動喧囂的大都會。

■阿格拉

阿格拉（Agra）是舉世聞名的泰姬瑪哈陵所在地，位於德里南方兩百公里處，雖然造訪的觀光客川流不息，但和德里相比，這裡仍然是較寧靜的地方城市。在藍天下白色牆面閃耀美麗光輝的泰姬瑪哈陵固然美不勝收，但在夕陽晚霞燒紅天空映照下，或是沐浴在滿月銀輝中的姿態，如夢似幻，一樣動人。

▲印度金三角。

▲舊德里的市場。

沿著亞穆納（Yamuna）河北上兩公里處，矗立著一座紅色砂岩城牆的阿格拉城堡（又名紅堡），從這裡能遠眺泰姬瑪哈陵。一想到印度皇帝沙賈汗晚年曾被兒子軟禁於此，他只能在堡中遙望著泰姬瑪哈陵，最後在此抑鬱而終，更讓人不由得陷入深切的感慨中。

齋浦爾

德里西南方約二六〇公里外的沙漠之邦拉賈斯坦，首府齋浦爾（Jaipur）的別名是「粉紅之城」。十八世紀初期，勢力強盛的邦大君*在此建設這座城牆環繞的城鎮。留存至今的宮殿、古城建築遺跡及古代街道，在十九世紀中曾根據當時邦大君的命令全部統一成粉紅色調。在強烈的陽光照射下，和駱駝一起漫步於粉紅色建築物之間的人類身影，讓人充分感受到身處異國世界的趣味。此外，近郊還有「白色之城」烏代浦（Udaipur）、「藍色之城」久德浦（Jodhpur）等充滿魅力的沙漠城鎮。周遊這些地點，將能感受到與德里和阿格拉截然不同的印度魅力。

齋浦爾的風宮

▲泰姬瑪哈陵的正門。

▲阿格拉城堡的門票。

*大君（Maharaja）
印度封建時期的地方諸侯。在蒙兀兒帝國時期人數激增，到了殖民時期則從屬於英國，因為是地方豪族，所以盛極一時。

1-6

聖地恆河與喜馬拉雅山——東印度的奧祕

靈光洋溢的朝拜聖地。

Ganges（恆河）和Himalayas（喜馬拉雅）是英文名，印度人則稱Ganga與Himalayan，並尊崇為偉大的聖地。當置身於此，任誰都會不由自主地進入印度深不可測的世界。

聖河恆河流經的瓦拉那西

人們深信，從站在喜馬拉雅山的濕婆神頭部奔流而下的恆河河水，可以淨化人們的罪惡和汙穢。因此期望著死後能在恆河畔河壇（Ghat，河岸石階）火葬的眾多印度人，從全國各地紛紛湧來，不惜花費數十日聚集到恆河流經的瓦拉那西。當太陽從恆河水面升起的同時，人群向太陽祈求，並捧起恆河河水漱口，誠心祈禱。在河邊，以洗衣為業的哈利真（Harijan，意為神的子民，代指印度賤民階級）在洗衣服，火葬場不斷燃燒屍體，還有凝視火焰灰燼的人們。世上也許再沒有像瓦拉那西這樣能同時思考「生」與「死」的地方了。

位居恆河上游的哈得瓦

恆河既是聖河，並不單只有在瓦拉那西所見混合著洗衣粉泡沫、屍體、牛糞等汙濁印象的恆河。位居上游的北部城市哈得瓦（Hardwar）的恆河河段景色迷人，且水流比在瓦拉那西還要強

▲在恆河洗臉的人們。

▲哈得瓦景色。

勁。由於哈得瓦靠近聖河源頭的喜馬拉雅山，自古以來便被人們視為聖地而受尊崇，也和瓦拉那西一樣吸引許多朝聖者來參拜。在美麗且規劃得宜的河壇上，向神明祈福的人們捧著樹葉製作的水燈放流恆河中。想必在哈得瓦處處都能看到人們莊嚴肅穆的祈求景象吧！

眺望喜馬拉雅山的大吉嶺

大吉嶺標高約二一〇〇公尺，不但是印度著名避暑聖地，同時也是英國殖民時期以來的大吉嶺茶產地而為世人所熟知。來自尼泊爾、西藏、錫金、孟加拉等不同地區的旅遊者，在坡道眾多的街巷裡漫步，空氣中飄著芬芳的紅茶香味。此外，登上附近的老虎嶺遠眺世界第三高峰干城章嘉峰（Kangchenjunga）和喜馬拉雅山群峰，或是搭乘世界遺產印度高山鐵路之一的大吉嶺－喜馬拉雅鐵路，都能欣賞到美麗的大自然景致。

恆河與喜馬拉雅山脈

▲恆河風光。

◀晨霧籠罩的喜馬拉雅。

1-7

亞洲的矽谷、德干高原與西印度

高科技重鎮與遠古記憶沉睡之島。

近年來世人愈來愈常聽聞印度的邦加羅爾和海德拉巴（Hyderabad）等地名。帶動印度經濟成長的正是這些位於印度廣大內陸地區的高科技城市。

邦加羅爾

邦加羅爾*位於德干高原上，標高九二〇公尺，曾稱為「印度的庭園城市」，原是深受印度人喜愛的避暑聖地，隨著ＩＴ產業進駐，如今已變成印度具代表性的高科技城鎮。外資企業的辦公大樓井然有序地林立市區，但相對於都市化急速發展，公共設備並未同步擴充，常苦於停電或供水不足。

海德拉巴

位於德干高原中央，海拔五三六公尺，是印度第六大都市。從十六世紀開始到一九四七年印度獨立為止，本地長期處於伊斯蘭教教徒的統治下，如今走在街上，仍隨處可見戴土耳其帽的男性及緊裹伊斯蘭教傳統黑色服飾的女性，而且清真寺遍布全境，耳邊也常縈繞可蘭經的祝禱聲。雖然昔日英國也曾掌控這片地區，但仍繼續保持為獨立的藩屬國，其中多處封地治理有方，行政和教育等社會系統完善，現今海德拉巴與邦加羅爾、邁索爾等都市得以快速工業化與都市化發展成功，這也是一項要因。

＊邦加羅爾
原名 Bangalore，二〇〇六年十一月改為 Bengaluru。

▲亞洲的矽谷。

奧蘭卡巴

奧蘭卡巴（Aurangabad）位於孟買東方相距約三五〇公里處。許多觀光客以本地為起點，出發前往道拉塔巴（Daulatabad）、愛羅拉石窟與象島石窟寺院等較偏遠的古蹟景點。

登上仿照德干高原岩山建造的道拉塔巴碉堡的頂端，就能以三百六十度的全景瞭望德干高原的壯闊景致。

象島

從孟買乘船出發約一小時便可到達的小島。由於十六世紀葡萄牙人在此處發現巨大的象石雕，因而得名。

在象島上由七個洞窟組成的印度教石窟寺院中，猶殘留著六至七世紀左右所繪製的數幅壁畫及浮雕，刻畫濕婆神的多種化身，這些作品全部用以祭祀濕婆神，精美得令人嘆為觀止。

印度商業學院*

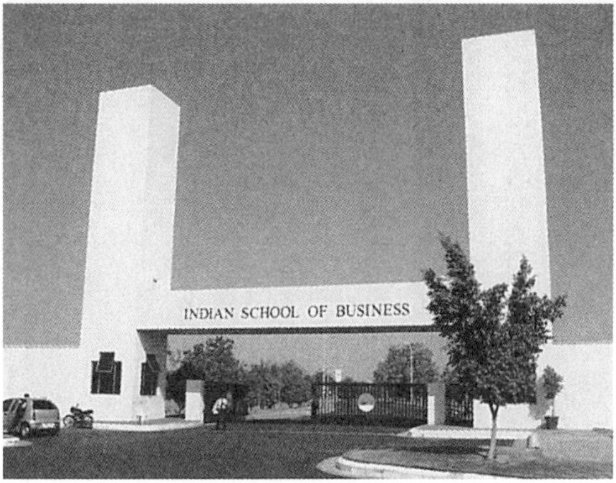

*印度商業學院
位於海德拉巴的私立大學。一九九九年創立，二〇〇一年起陸續開設企管碩士班課程、企管博士班課程及企業高級主管研修課程。

不可不知的樂園——果阿與南印度

從世界遺產分布的海岸地帶到熱鬧的海灘度假勝地，風情迥異北方的西印度和南印度其魅力何在？

無論氣候、服裝、飲食、宗教、民風等都和北印度截然不同的南印度風土民情，能治癒因喧囂的北印度而疲憊的旅人身心。

穩定的南印度

對觀光客來說，比起受騙或被敲竹槓的情況層出不窮的北印度，在南印度旅行顯然較為悠閒。此外，相對於以小麥為主食的北部，以稻米為主食的南部，也比較符合東方人的飲食喜好。

印度的樂園：果阿

任何人只要來此地一次，就會深深為果阿（Goa）的魅力所著迷，因此這裡也稱為「黃金的果阿」，一位葡萄牙作家更稱它為「東方貴婦」，可見果阿博得來自世界各國的觀光客熱愛。

果阿的高人氣，可能是因為此地相臨人稱「年輕人烏托邦」的阿拉伯海美麗海灘。而且這裡民風溫和、生活無拘無束，似像非像印度的獨特環境氣氛，綜合成果阿最大的魅力。

瑪哈巴利普蘭

位於清奈南方六十公里處的瑪哈巴利普蘭（Mahabalipuram），坐落在遙望孟加拉灣的悠閒海岸上，世界遺產的

Tip 印度教領袖賽巴巴（Sathya Sai Baba）其實有上一世（已亡的前世）與這一世（現在生存的今世）。南印度的信徒尤其對上一世的賽巴巴格外地虔敬。

▲西印度的果阿與南印度。

遺跡景點散布在境內各村落。以面向清澈海洋而建的海岸寺廟為首，此地還有利用十三公尺高的岩石雕成的巨型雕刻，以及班察拉塔（Panch Rathas）的五座石雕寺廟等，多座印度教精美寺廟沿著海岸而建。儘管這些寺廟建立於七世紀，即使時代不斷變遷，至今還是守護著人們的生活。

科摩林角（肯亞庫馬里）

位於印度半島最南端的科摩林角三面環海，西濱阿拉伯海、東臨孟加拉灣、南向印度洋。這裡是印度教徒的神聖海岸，人們在此地對著從水平面升起的朝陽和西沉的落日膜拜，並捧起海水沐浴淨身。除了晨昏敬拜太陽，白天可以漫步海灘遠眺船舶。此地不僅是聖地，也是小漁村肯亞庫馬里（Kanni-yakumari）。對於旅人而言，待在這裡的期間便是洗滌身心的時刻。

果阿的海灘

▲果阿的海灘上盡是歡樂嬉戲的印度家庭和外國觀光客。

Column

印度其他觀光景點

▲在印度穿街過巷，經常能領略到完全不同的多種風情。導覽書籍未刊載的小村鎮、小型的寺廟與清真寺等，也可能從此改變你的人生觀，這是在國內完全意想不到的豐富景色。

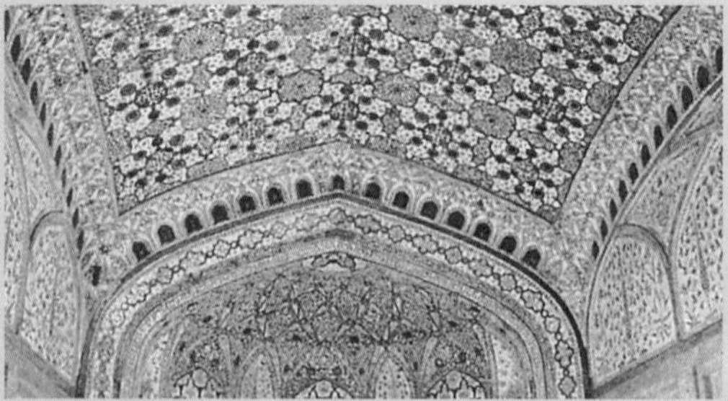

▲齋浦爾琥珀堡（Amber Fort）內部。

第2章

飛躍的印度經濟

舉世矚目的印度經濟

世人評價將會成為「中國第二」的印度經濟現狀。

IT產業的高度技術導向有助印度快速成長。龐大的市場、前程似錦的融資對象，全世界聚焦印度的理由何在？

金磚四國（BRICs）

自二〇〇三年起，「BRICs」（中文譯為金磚四國）成為世界經濟熱門話題。這名詞是取巴西（Brazil）、俄羅斯（Russian）、印度（India）與中國（China）的英文首字B、R、I、C組成。由於著名的美國高盛證券公司（Goldman Sachs）發表一份研究報告，預測到二〇五〇年時，這四國在經濟規模上將領先世上大多數的國家，因而使「BRICs」成為知名的經濟名詞。印度並被預估在五到十年後會領先中國，甚至在二〇一五年至二〇二〇年之間達到全世界最高的經濟成長率。

GDP

二〇〇五年，印度的名目GDP＊排名世界第十二位。至於印度的人均GDP仍然較低，所以這項GDP值的世界排名並不高（居第一三三名），但若以購買力平價＊來換算後的名目GDP，則是世界第四位。號稱經濟成長率為九％的中國與以六％～七％成長的印度，這兩個預測會持續成長的國家，如今正深受全世界矚目。

＊GDP
國內生產毛額的簡稱。意即國內所有生產單位的生產成果。

＊購買力平價
為了讓各式通貨的購買力（購入商品的能力）相等而計算各國通貨的交換比率（匯率）。

■理想人口金字塔

之所以會預測印度將有顯著的經濟成長，其背景便是印度國內超過十一億人口的強大勞動力與龐大市場。

印度擁有的人口數高居世界第二，僅次於十三億人口的中國，即使現今人均GDP還偏低，但隨著今後國力日益富足，大量的人口也會構成龐大的市場。而且印度的魅力並不單是指人口數量很大，還在於出生率高導致年輕勞動人口眾多，因而形成理想的人口金字塔。

■掌握關鍵的中產階級

富豪與貧民兩極化發展的印度，隨著經濟起飛，越來越多的「中產階級」也在社會中急速抬頭。在新德里等都市地區，大型的購物中心或新興住宅如雨後春筍林立，穿T恤和牛仔褲的年輕人則吃著漢堡。就如同一九六〇年代的日本曾有所謂的「三種神器」（電視、洗衣機、電冰箱）這種形容詞，在印度不但電視、汽車、雜貨和衣服等需求擴大，由於中產階級抬頭，也讓印度的市場魅力逐漸完成。

印度的人口金字塔（2001 年）

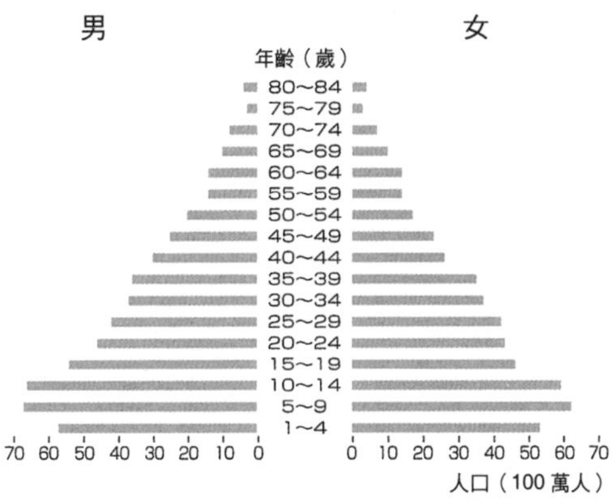

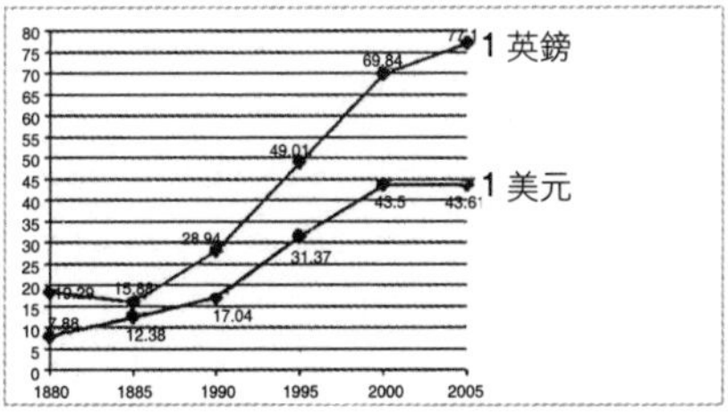

▲印度盧比對美元與英鎊的匯率。

2-2

脫離危機？印度經濟發展的理由

關鍵在於「經濟自由化」與亞洲第一的「英語能力」。

雖然印度現在已實現了經濟急遽成長的願景，但這樣的成長也並非一朝一夕就能產生。那麼，印度的經濟是什麼樣的經濟模式呢？

■經濟危機就是轉機

一九四七年印度獨立以來，由於實施社會主義政策，根據政府的規章與制度，以保護國內產業為優先，使得印度在進入一九八〇年代後，出現了財政赤字與經常性收支赤字等經濟惡化情形。到一九九一年，更因為「債務不履行」而陷入了經濟危機。

在此同時，波斯灣戰爭亦引起原油價格飆漲。此外，當時的印度政治領袖前總理拉吉夫・甘地（Rajiv Gandhi）＊遭到暗殺，這些因素綜合之下，讓印度陷入了政治與經濟的大混亂。

而在此時所成立的，便是促成日後印度經濟成長契機的「新經濟政策」。

■新經濟政策

印度的新經濟政策主張：①從實質上廢除產業許可制度與進口許可制度。②向民間開放公共部門的獨占事業。③廢除出口補助金。④大幅調降平均關稅率。⑤緩和外資投資限制等。由於印度從保護經濟大幅轉變朝向市場開放，促

＊**拉吉夫・甘地**

印度前總理拉吉夫・甘地（一九四四～一九九一年），在一九八四年母親前總理甘地夫人（Indira Gandhi）遭暗殺後，就任總理職務。但在一九九一年訪問南印度期間，被預先藏於迎賓花圈中的炸彈所炸死。

▲拉吉夫・甘地與其家人。

進外國企業進駐，進而推動經濟成長。

至於擔任這項新經濟政策主角的，便是當時的財政部長，也就是現任印度總理辛哈（Manmohan Singh）。

亞洲第一的「英語能力」

ＩＴ產業能成為帶動印度經濟成長的一股力量，其中一項重要背景便是印度人的英語能力。英語教育是昔日英國殖民統治為印度所帶來的重大影響，從小學到大學皆重視英語的高教育水準，使得印度人的英語能力堪稱亞洲第一。

無論是在網際網路或是商業，能夠自如運用作為主要語言的英語，使得印度在軟體產業獲得高度經濟成長。印度既以高度英語能力與廉價勞動力作為武器利誘外國企業，也根據新經濟政策，讓外國企業進駐ＩＴ產業，甚至是航空、電子通訊及金融業等各產業，並以此促進競爭，同時也提升了技術水準。

邦加羅爾的摩天大樓

IT產業與委外服務

開發微軟電子郵件系統hotmail的是一位年約二十六歲的印度人。

印度擁有數學能力、英語能力、超群的記憶力及低廉的人事費用等優勢。開發出火車站的自動驗票機與銀行的ATM等工具，正是由於印度人的腦力發揮長才的結果。

IT產業發展與時代潮流

現今IT產業可以說是印度經濟的重點產業。當初開始的發展契機是財政和經濟收支赤字所引起的自由化改革，而在推動這項改革的同時，IT產業也在全世界達到高度成長。因此可以說，這個時代的走向正是印度經濟發展的關鍵。

在印度的IT產業中，特別是軟體出口，於一九九六～二〇〇三年這八年間急速成長了十一倍，在總出口量所占的比例也從五%快速成長到超過二〇%。其中二〇〇三年度出口至美國的數量，占總出口量的比例也增加七〇%。

印度人的數學能力

就如同「數字的『〇』是六世紀時印度人所發現的」這一學說代表的意義，據說印度人是數學能力非常強的民族。由於從義務教育到高等教育，政府都在數學教育中投注了不少心力，因此也陸續培養出不少優秀的工程師。此

Tip 據說印度人的血型以B型居多，西洋人的血型則以A型和O型居多。

外，出色的英語能力和高教育水準，也是印度的ＩＴ產業快速發展的遠因。

印度五大ＩＴ企業——塔塔諮詢服務（ＴＣＳ）、印福思（Infosys）、威普羅（Wipro）、薩蒂揚（Satyam）、ＨＣＬ，堪稱是帶動印度經濟發展的重要主角。

美國的一天是四十八小時？

長於數理的印度人活躍於ＩＴ產業，而在ＩＴ產業持續呈現飛躍性成長的另一面，則是委外服務蓬勃發展。

印度每年承接的企業流程委外產業*（Business Process Outsourcing，簡稱BPO），高達一百億美元以上。擅長英語的印度人，主要是負責承接美國大企業的事務性工作（業務文書工作、財務、總務、人事、資訊系統及客戶服務中心等）。

當美國尚處於夜間，在還是白天的印度，擁有優秀能力的工作者便完成所負責的事務性工作。等印度入夜後，印度員工回家休息，此時迎接早晨來臨的美國人到公司上班，一打開電腦，事務性工作已經完成。拜印度人活躍之賜，現在的美國等於一天擁有四十八小時。

近年來，不只是企業，就連律師、稅務員及醫師等，都已發展出了委外服務業務，而且眼見美國的成功實例，歐洲各國也開始計劃進駐印度。

美國猶如一天擁有四十八小時

*企業流程委外產業　能夠以ＩＴ技術進行的客服或系統支援產業。

2-4

擁有世界性影響力的印度財團

名門塔塔集團、老店伯拉集團及新興勢力信實工業集團等三大聯合企業的實力抬頭。

橫跨多種產業，並對印度經濟有巨大影響力的印度財團，目前也正迎向全球布局的全新局面。

■印度的財團型態

就像以前日本的三井企業或三菱企業那樣，印度從英國殖民時期開始發達的財團，如今也對國家的政治和經濟擁有很大的影響力。

現今印度存在以塔塔集團（Tata）、伯拉集團（Birla）及信實工業集團（Reliance）為代表的二十餘家財團，各自開展橫跨多種產業的事業版圖。

■三大財團

・塔塔集團

自一八八六年創立以來，曾長期為印度最大財團，在產業及商業界進行多面向的經濟活動，經營觸角遍及紅茶、飯店、通訊、IT、汽車及能源等，並居於該產業領域的中心地位。塔塔集團企業主力是汽車製造商塔塔汽車、製鐵的塔塔鋼鐵、生產電力的塔塔電力公司、製造及販賣紅茶的塔塔茶葉、以軟體見長的塔塔諮詢服務（TCS）等。

・伯拉集團

原本和塔塔集團並列為印度產業界

▲塔塔汽車公司製造的汽車。

雙雄。伯拉集團跨足化學纖維、水泥及汽車產業等，經濟活動廣泛。但據說一九七三年以來，由於家族間權力鬥爭不斷，導致分裂，如今的勢力衰弱不少。

・信實工業集團

一九六六年創業的新興財團。已故集團創辦人杜魯拜・安巴尼（Dhirubhai Ambani）以他在海外打工存下的一萬五千盧比為本金，歷經三十年歲月，讓信實工業集團成為總銷售額二二六億美元的大型財團。其事業成功祕訣是尊重個人投資者的利益。長子穆克什・安巴尼（Mukesh Ambani）接掌後業績持續成長，目前為印度最大財團，穆克什也躍居全球首富（二〇〇七年）。

印度財團的發展方向

進入二十一世紀，印度的財團直接面臨更大的局面。在與自由化的外國企業競爭愈發激烈下，這些財團今後如何進行改造，應該是其發展極大的關鍵。

印度斯坦汽車公司（伯拉集團）製造的汽車

▲信實工業集團旗下的網路咖啡店。
（攝影／Nick Gray）

農村嚴苛的現狀1

「農村才是印度的真實面貌。」（聖雄甘地嘉言）

印度七成的人口從事農業活動。相對於逐步發展的都市，農村地區實情為何？印度的農業狀況及今後課題為何？

■左右景氣的農業

軟體產業和汽車產業等工業化逐步進展的印度，卻依然有約七成的人口居住在農村。印度的耕地面積占國土的三分之二，農業在GDP中占了二五％。

聖雄甘地曾經說過一句名言：「農村才是印度的真實面貌。」到了今日，這種狀況仍然沒有改變。現在隨著經濟發展演進，造成穀物消費大增，食材價格變動，而價格不穩定的現象在荒廢的農村也不遑多讓。

在印度看似華麗的經濟發展之中，仍然不可以忘卻農村嚴苛的現狀造成的陰影。

■世界第二的農地面積

讓人驚訝的是，到一九九九年年底時，包含休耕地的印度農地面積僅次於美國，排行全世界第二位。印度擁有如此廣大的農地面積，與持續增加的人口呈正比，其穀物生產的成長率也隨之攀高，早在一九七〇年代後期就幾乎已能穀物自給。然而自從印度獨立以來，其實穀物生產面積並無明顯變化。

那為什麼穀物生產量會成長呢？以下試著加以探討。

諾貝爾和平獎「綠色革命」

得以成功增加穀物生產量，主要導因於一九六〇年代後半所展開的「綠色革命」。所謂綠色革命，是指普遍種植屬於高收入品種的穀物，還有以投入肥料為主要核心的農業技術革新。推行這項革命之後，印度的大多數農家便開始使用化學肥料與農藥，使得收穫量激增，且穀物生產量增大，為印度的農業發展帶來極大的貢獻。

然而儘管生產量增加了，但化學肥料的使用量也相對增加，導致土壤的養分流失，於是第二年便不得不再使用更多的肥料。

土壤汙染、戕害農民自身的健康，以及農藥殘留於作物上引發疾病等，已成為現今印度農業須面對的新問題。

綠色革命促成穀物生產量增加

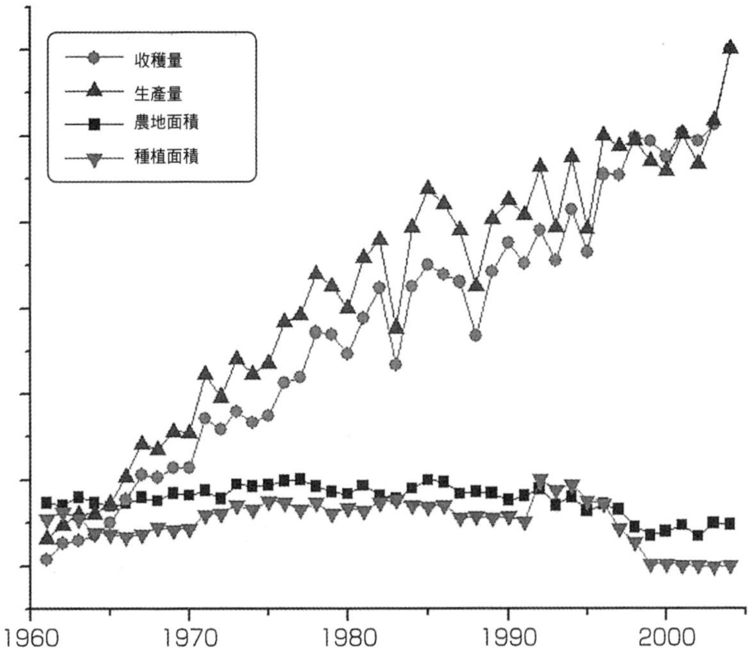

資料來源：聯合國糧食及農業組織

農村嚴苛的現狀2

只要農村不豐足，印度便沒有光明的未來。

印度由於綠色革命而成功增加糧食收穫率，但是卻忽視農村現狀存在著貧困與自殺等重大課題。

綠色革命後的印度

印度的「綠色革命」對世界糧食生產造成極大影響，使全世界都可免於飢餓所困，因此深受讚賞。

然而在一九八四年，印度波帕爾（Bhopal）的農藥工廠發生事故，演變成一晚就導致三千人喪命，最後總共累計四萬人死亡的重大意外。除了這個事故外，在農場由於化學農藥引發癌症和過敏反應這一類事件也急速增加，因為綠色革命所導致的許多弊端，就此逐漸地浮上檯面。如今印度農業正面臨著重大的轉型期。

貧困的八億八千萬人

現在的印度約有兩億多人居於富裕階層，雖然也有中產階級，但還有約八億八千萬人口卻只能依靠每天不到兩美元來過生活。由於貧富差異日益嚴重，無力負擔高價化學肥料費用的農民，其自殺率日漸增加，已成為印度現階段最大的社會問題。隨著人口增加、經濟快速發展，還會浮現更多的問題。

▶生活於山區的居民，在農務上會相互合作。

政府的農業振興

無論工業發展得多麼成功，如果農業生產停滯不前，印度的經濟便無法得到真正的發展。近年來，隨著人口和經濟成長逐漸增加，印度的農業每年需要達到三%的成長率。政府為了增加農業生產，於是實施肥料補助金、糧食補助金及灌溉補助金等政策性支援。

印度易受季風影響，因為雨量足以左右當年度的景氣，因此政府必須致力於使公共設施更趨完備，特別要著重水源環境的設施、農村電氣化及灌溉系統設施。

今後印度的農村將如何變化尚未可知。印度必須解決國家根基的農村地區面臨的重大課題，才能邁向經濟發展的大道。

印度農村風光

（攝影／ rightee）

2-7 果阿大學西奎埃拉教授談今日的印度（現場採訪）

印度的大學教授談及印度社會問題。

約定見面的地點位於汽車喇叭聲喧囂的十字路口。筆者騎著陌生的摩托車行進在陌生的高速公路上，四處找路，終於到達了目的地，看見面前有一位年約五十歲上下的男性朝著我揮手。

■西奎埃拉先生

相約會面的果阿大學人類學教授西奎埃拉（Siqueira）先生與筆者簡單打過招呼後，兩人一起在街上步行了約五分鐘，進入一間咖啡廳。西奎埃拉先生是第一次光顧這家咖啡廳，這裡就像是著名連鎖咖啡店星巴克那樣，裝潢時髦的內部空間放置了各式各樣的咖啡。開著空調的室內禁菸，外面的露天咖啡座則是吸菸區。我們點了一杯拿鐵咖啡和一杯熱咖啡後，就展開這次的訪談。

■扭曲的經濟發展

筆者：隨著印度經濟快速發展，人們的生活有了什麼樣的改變？

西奎埃拉先生：觀察前來這家咖啡廳的年輕人就可以知道，在現代化的浪潮席捲下，中產階級的生活變得富裕，許多人手持行動電話，並享受購物的樂趣。然而另一方面，貧民階層的窮困卻日益嚴重。請看這金字塔型的社會階級圖，其中有最頂端的上層階級，中間的中產階級，以及底端的下層階級。然而中產階級增加，開始擁有權力後，下方的貧困階級便會受到中產階級壓迫，使得貧窮人口激增，最後落入比之前更嚴重的貧困狀態中。

筆者：工作需求和人口之間的平衡狀況又是如何呢？

西奎埃拉先生：人口增加的同時，工作機會卻漸漸地減少。像這家咖啡廳因為使用咖啡機，各種工作已都由機器進行。即使服務業的工作名額增加，但這與已經消失的工作相比，數量還是偏少，所以人口增加，工作機會仍然減少。正因為如此，這種扭曲現象便集中在最下層弱勢族群中。

當然，也有少數上層階級的人落入中產階級，或中產階級落入下層階級的案例，但是大多數的情況是根據個人出生的環境，便決定個人的人生，所以富裕的人會更富裕，貧窮的人會更貧窮，經濟差異愈來愈大。

其實發生在印度的經濟差異擴大現象，放眼全世界不也正是如此嗎？在過去，亞洲、中南美洲、非洲等發展中的國家，與美國、歐洲等先進國家間存在著經濟差異；現在則是單一國家中存在著嚴重的差異，尤其以中國和印度最具代表性。以國家為單位，已經不再只分成富裕國家與貧窮國家，而在各自的國家內部，經濟差異會更加嚴重。

孟買的麥當勞

移動式 ATM

種姓制度

筆者：在近代化浪潮下，種姓制度會因此而漸漸消失嗎？

西奎埃拉先生：答案是「沒有」。不過利用種姓制度的方式正在改變。以前種姓制度是一種宗教上的規則，然而現在它的宗教色彩已趨薄弱，卻被政治加以利用。這方面也和我先前所談到的一樣，在此之前，曾存在著一段婆羅門（上層階級）壓迫「不可觸碰的人」（The Untouchable，指賤民、下層階級）的歷史，但現在則是換成中產階級的人們壓迫下層階級。

例如在我任教的大學中，政府為了支援下層階級的教育，原本有意為他們設立一百個名額，然而中產階級則反對這項規定，主張減少下層階級的名額，以增加自身階級的名額，而政府和大學竟也接受了這樣的主張。這正是因為政治力量所致。登上上層階級的梯子只有一把，當然誰都想爬上去，因此人們會一面爬上升級的階梯，一面將某個人踢下去或是互相激烈競爭。在此情況下，首先被犧牲的便是「不可觸碰的人」這群人了。

印度人與宗教

筆者：印度讓人存有「宗教國家」的印象，教授您認為印度人是重視精神層面的民族嗎？

西奎埃拉先生：印度是宗教國家嗎？我的看法並非如此。雖然街道上常見神明的廣告看板，許多人的胸前也掛著神明的墜飾，然而基本上宗教是為了解救貧困的人們，而政治則是利用宗教來統治人民。

所謂「印度是宗教性國家」，其實只是西方人所塑造的印度形象而已。當然，印度還是存在瓦拉那西和里希克希（Rishikesh）等宗教性城市，而且也擁

▶搬運貨物的搬運工。在印度，職業是世襲制。

有許多被稱為「Holy Place」的聖地。但是這些地方不就像日本的「廣島」這般的精神性場所一樣嗎？我認為世界上有許多的精神性場所，印度並沒有什麼太過特別的。

在恆河膜拜祈求的人們

受政治利用的種姓制度

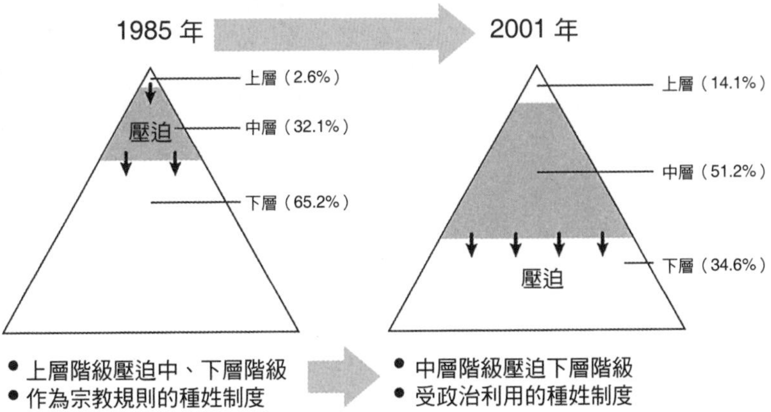

宗教與和平

最後，針對印度今後的課題為何這一問題，教授大大地攤開他的雙手，回答道：「我並不只是生活在印度，而是生活在地球上。」然後進一步說明，唯有天主教、伊斯蘭教、印度教、猶太教等不同宗教的人們相互溝通，解決「宗教間的對立」，這才是我們今後最重要的課題。

不管是美國、歐洲、印度或是亞洲其他國家，都經常發生宗教受政治所操弄利用的過往。宗教本來能為人們帶來平安，如今卻反而成為我們的大問題。但也許有一天，宗教還是會恢復成為純粹幫助人們的存在吧？當我一邊聽著教授侃侃而談，忽然在心中出現了這樣的想法。

宗教帶來的事物

上述採訪結束後，筆者前往拜訪一座保存著聖方濟・沙勿略（Francisco de Xavier）遺體並成為世界遺產的教會。

耶穌會教士聖方濟・沙勿略將果阿當作自己遠征東方的據點，他曾經從印度遠渡重洋到日本，不遺餘力地進行天主教的傳教活動。印度和日本實有著不可思議的連結。他對印度、對全世界都留下了極大影響，但其功績到底是什麼？我面向著眼前這片廣大的阿拉伯海，遙遠的彼方就是非洲大陸。當地的人應該也有著自己的信仰吧！每當教授溫和及穩健的態度和語氣在腦海中重現時，筆者便不禁重新感受到「宗教」的深度和社會的關聯。

果阿的世界遺產：仁慈耶穌大教堂

▲聖方濟・沙勿略的遺體就安放在這座教堂中。

印度教徒的宗教儀式

印度經濟狀況與風險（特稿）

藤原愛　證券分析師

印度經濟現況與今後的風險。

二〇〇四年六月以後，印度股價指數連連攀升。

經濟成長與今後的風險

觀察 SENSEX 指數*，從二〇〇四年五月的低價，到年底為止，其上升率為四六・六%；二〇〇五年一年之間的上升率則達四二・三%，可以說是非常地高。然而，進入二〇〇六年五月後，從開始的高值至月底已急落一七・六%，年初以來的上升在一個月內就幾乎全部煙消雲散。一九九一年，從過去的閉鎖經濟、公營企業無效率等，直到爆發外匯危機，印度政府便以此為契機，實施經濟改革與開放政策。此後經過約十年，這項政策的成果逐漸明顯，二〇〇六年三月的實質國內生產毛額（GDP）成長率為八・四三%，即使與一九九〇年代四%～七%的成長率相比，也能獲知印度現今經濟進行得尚稱順利。

在出口成長的同時，現今印度必須進行公共建設和所得增加之下的擴大消費等政策，以進行擴大外需和內需的正面循環。然而，印度的公共設施卻嚴重不足。例如在電力方面，即使是首都新德里，停電也是家常便飯，盜電更所在多有。關於電力不足，雖然工廠與辦公室等地可以藉私人發電設備暫時解決，

＊**SENSEX 指數**　股票交易價格總額的加權平均指數。根據孟買證券交易所的指數，是印度股票市場的代表性指標。

但是其他諸如道路或港灣設施等公共建設仍有必要投資，這應是今後印度經濟最起碼需努力的一環。但另一方面，公共建設不足會抑制急速經濟成長，被認為有防止景氣過熱和爆發的作用。

關於消費，都市地區的所得以一年超過十%的氣勢增加，家計購買力增加之下，消費情況尚稱良好。近年來，非常活躍於世界各國的非印度居住者（所謂的印僑）發起一股回歸印度的熱潮，而這些注重未來成長率的第二代、第三代印僑的祖國回歸風潮，正可以說是顯示印度經濟發展順利的一種象徵。

雖然印度有極強而有力的經濟基本面，未來仍必定有風險，亦即職業上的種姓制度崩解。現今印度仍殘留職業種姓制度，並形成一種「工作共享」的現狀，巧妙進行財富再分配。雖然當前人們認為還不必擔心這點，但將來這體制崩解時，還是難以避免產生社會混亂。

持續成長的印度經濟

（資料來源：彭博資訊）

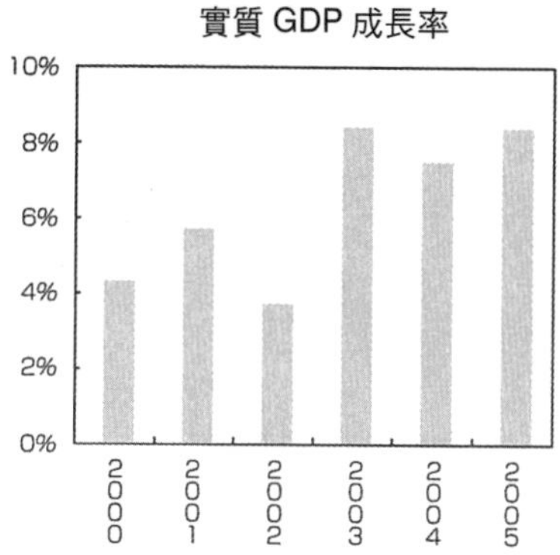

（資料來源：彭博資訊）

Column
印度的雜誌

買雜誌，享受都會生活

哪裡有料多味美的餐廳？音樂會在什麼時間、什麼地點舉行？現在流行什麼？在印度也有提供吃喝玩樂等生活資訊的娛樂雜誌。

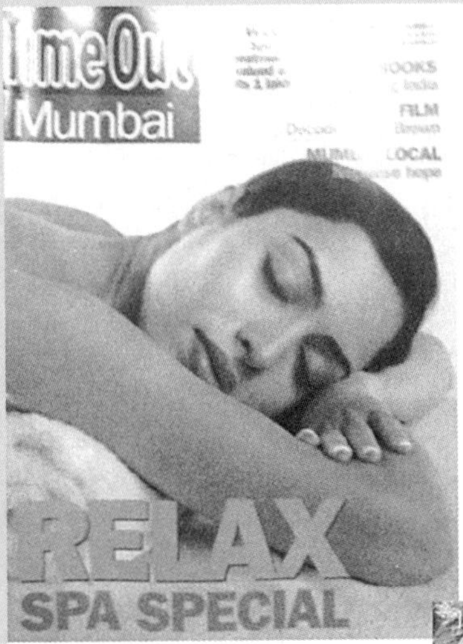

▲《Time Out》

◀《City Guide》

首先買一本雜誌，試著在印度的都會區演練你的旅遊計畫。雜誌可以在書店購得，在路邊也會販賣。例如閱讀二〇〇六年五月的特刊主題是《RELAX》，裡面刊載著「孟買的大都會生活充滿壓力，來享受一次 SPA 和阿輸吠陀按摩吧！」像這種在每個國家都隨處可見的內容，也在印度出現，真令人驚訝。

▶《City Info》

第3章

印度的政治與社會問題

印度的憲法與政治體制

全世界最大的民主國家。

存在一百種以上的語言，而且多宗教、多民族，印度這個國家是以何種政治體制成立的呢？

憲法

印度的憲法於一九五〇年一月二十六日施行。這部全世界最長的憲法，共由三九五條憲法條文所構成，採行英國式的議會內閣制、共和制、聯邦制。此外，印度憲法序言明文記載印度是社會主義、政教分離主義的民主共和國。

地方制度與國會

印度由二十八個邦（州）及七個中央直轄區所組成，兩院制的國會分別是下院人民院（國民全體的代表）與上院聯邦院（邦代表）。上院議員共二四五席，其中二三三席由各邦議會選出，其他十二席則是由總統任命來自科學、社會事業、藝術、文學等領域的專家學者。下院國會議員共五四五席，其中大多數是經由小選舉區制選出。印度國會最具特殊意義的一點，就是社會上的弱者「不可觸碰的人」與原住民*占了一定比例的議會席次。與其他國家相同，國民直選的議員構成的下院，相對於上院有其優越性。印度政治最大特徵在於自獨立以來一直實行議會制民主政治。

＊原住民

祖先代代都生活在國土的某特定區域，擁有語言、文化與宗教等方面獨特的特徵，在近代國家雖被強行要求從屬，但仍然主張先住權與自治權的民族集團。據說在印度存在五百個原住民族群。

Column 全世界第一次大規模的電子投票是在二〇〇四年四月初於印度舉行，有投票權的人數約六億六千萬人，將近一百萬台的電子投票機使用量也居世界之冠。

閃亮的印度

二〇〇四年四月到五月所舉行的下院議員大選，在野黨逆轉獲勝的結果，也為印度政界帶來莫大的變化，由十幾個政黨組成了以國大黨為中心的聯合政權——聯合進步聯盟（UPA），由莫漢・辛哈擔任總理。

自一九九九年執政的印度人民黨，打出「閃亮的印度」（India Shining）為競選口號，凸顯政府鼓勵IT產業與外資產業，成功促進印度的經濟發展。但執政黨又為何會敗選呢？據分析是因為受惠於經濟發展的多是都市區域裡的中產階級，相對地，下層階級和農村地區人民則遭犧牲，因此引發後者反撲。如何在保護貧困階層和經濟發展之間求取平衡，讓國家機制順暢運作，可說是今後印度政治的一大課題。

印度的行政區

邦
1. 查謨＆喀什米爾（Jammu & Kashmir）
2. 喜馬偕爾（Himachal Pradesh）
3. 旁遮普（Punjab）
4. 北阿坎德（Uttarakhand）
5. 哈里亞納（Haryana）
6. 錫金（Sikkim）
7. 阿魯納恰爾（Arunachal Pradesh）
8. 拉賈斯坦（Rajasthan）
9. 北方邦（Uttar Pradesh）
10. 比哈爾（Bihar）
11. 阿薩姆（Assam）
12. 梅加拉亞（Meghalaya）
13. 那加蘭（Nagaland）
14. 曼尼普爾（Manipur）
15. 特里普拉（Tripura）
16. 米佐拉姆（Mizoram）
17. 古吉拉特（Gujarat）
18. 中央邦（Madhya Pradesh）
19. 賈坎德（Jharkhand）
20. 西孟加拉（West Bengal）
21. 恰蒂斯加爾（Chhattisgarh）
22. 奧里薩（Orissa）
23. 馬哈拉施特拉（Maharashtra）
24. 安德拉（Andhra Pradesh）
25. 果阿（Goa）
26. 卡納塔克（Karnataka）
27. 泰米爾納德（Tamil Nadu）
28. 喀拉拉（Kerala）

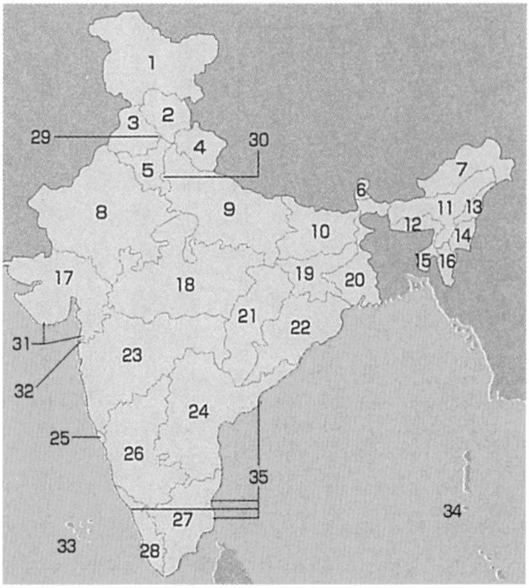

中央直轄區
29. 昌迪加爾（Chandigarh）
30. 德里（Delhi）
31. 達曼＆第烏（Daman & Diu）
32. 達德拉＆納加爾哈維利（Dadra and Nagar Haveli）
33. 拉克沙群島（Lakshadweep）
34. 安達曼＆尼科巴群島（Andaman and Nicobar Islands）
35. 本地治里（Puducherry）

立場轉變的印度外交

從「西進政策」轉向「東望政策」。

以不結盟、多極主義為傳統外交策略的印度，近年來開始採取與東亞、東南亞國協強化關係的「東望政策」。

與亞洲諸國的合夥關係

二〇〇四年九月，印度與泰國簽訂了自由貿易協定（FTA）；二〇〇五年八月則和新加坡簽訂了全面經濟合作協定（CECA）。印度從昔日以西歐各國為對象的「西進政策」，如今轉向以日、韓等亞洲各國為對象的「東望政策」（Look East Policy）。尤其是強化與東南亞國協（ASEAN）的關係，最重要的理由之一便是牽制擁有強大經濟影響力的中國。

美國與印度接近

二〇〇五年七月，印度總理辛哈前往白宮拜會美國總統布希，受到高規格的國賓級禮遇，成為當時的大新聞。美國如此地重視印度，其中究竟有什麼原因呢？

這是因為美國已經意識到，高度經濟發展的印度是一塊廣大的市場；而且在「九一一」恐怖攻擊事件後，美國希望牽制阿富汗的塔立班組織，因此致力與印度和巴基斯坦兩國建立良好的軍事關係；此外，美國還希望能牽制開始擁

▲印度國大黨支持者在街頭遊行。

有強大經濟力量的中國。基於以上這三點理由，對於美國來說，印度現在已成為在軍事、經濟、政治等各方面的重要友邦。

日印雙邊關係

日、印兩國自一九五二年建交以來，一直維持良好的友邦關係。日本二〇〇四年的「日元貸款」（提供給開發中國家的長期低利貸款）供給對象第一位便是印度。德里的地鐵建設、邦加羅爾的上下水道建設，以及恆河的水質淨化工程等，日本都對印度支援了極其龐大的金額。

另一方面，日本企業進駐印度的行動與其他國家相比卻較為消極，近年來才漸漸地開始進駐全印度，但今後將會有什麼樣的進展仍然有待觀察。

美國總統布希與印度總理辛哈（左）會談

喀什米爾糾紛與核武問題

英國殖民統治殘留的爪痕以及與巴基斯坦的對立。

這場印度與巴基斯坦持續數十年的爭端，其原因到底是什麼？

印、巴為喀什米爾而對立

一九四七年，英國結束對印度半島的殖民統治，印度與巴基斯坦分別獨立。不過兩國分離的獨立狀態，就如聖雄甘地所感嘆的，這對於印度來說並不是一種理想的形式。

因為兩國各自獨立產生了喀什米爾主權的紛爭。在兩國獨立時，居民多為伊斯蘭教教徒但卻由信奉印度教的邦大君統治的喀什米爾地區，選擇了不歸屬印、巴任一國的獨立之道。然而，巴基斯坦對此並不予以承認，自一九四七年即開始以武力侵略喀什米爾地區，於是喀什米爾的邦大君便向印度請求軍事協助，由此揭開第一次印巴戰爭的序幕。這場戰爭雖然由於聯合國仲裁而以停戰結束，但自此之後，圍繞著喀什米爾地區的紛爭從未間斷過，包括中印國境紛爭、第二次印巴戰爭，以及一九九九年印、巴在邊境的卡基爾（Kargil）爆發衝突等，都因喀什米爾而起。二〇〇五年十月在新德里發生的炸彈連續攻擊恐怖事件，也極可能是以巴基斯坦為據點的伊斯蘭教武裝勢力所主使。

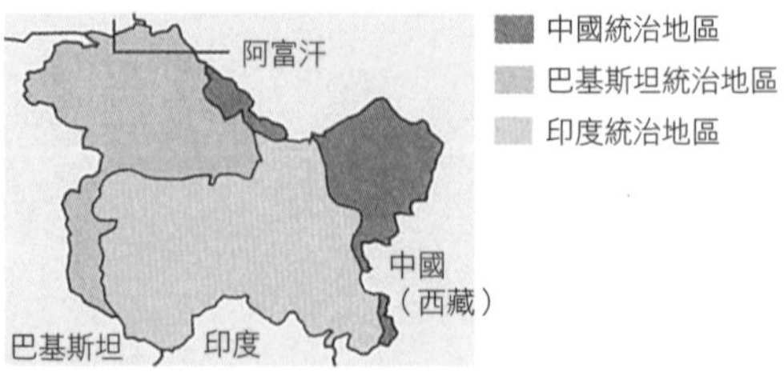

▲喀什米爾地區。

核武問題

此外，以喀什米爾紛爭及與中、巴的緊張關係為背景而產生的印度開發核武問題，也不容忽視。

印度現在的軍事力量（士兵人數）在全世界中高居第三，僅次於中國與美國，而且印度實際上還是第六個擁有核子武器的國家。以前走不結盟路線的印度，為了對於核武大國（美國、英國、法國與中國）和潛在核武國家（南非、以色列與北韓）保有自我安全保護的能力，因此採取擁有核武的戰略。對於世界各國譴責其進行核武開發，印度則一貫主張「為什麼只有部分大國獲得擁有核武的資格？印度的核武開發並非用來攻擊他國，而是藉以抑制戰爭。」

印度無視國際的警告，不但分別於一九七四年及一九九八年強行進行地下核子試爆，也不願簽訂「全面禁止核子試爆條約」（CTBT）和「禁止核武擴散條約」（NPT）。現在印度仍持續進行核武開發，國內擁有超過三十項的核武相關設施，並保有三十至四十座核子彈道飛彈。

印度擁有核武並持續開發的態勢，必定會妨礙它與各國的交流。包括喀什米爾地區在內，印度的軍事活動帶來的緊張感，讓人不得不嚴加注意。

印度與巴基斯坦、中國的紛爭年表

1947	印度、巴基斯坦分別獨立。喀什米爾的伊斯蘭教組織發表「自由喀什米爾」（Azad Kashmir）的獨立宣言。引發第一次印巴戰爭。
1949	印、巴兩國協商同意劃定停火線（喀拉蚩協議）。
1962	中印戰爭爆發。
1965	第二次印巴戰爭爆發。
1971	第三次印巴戰爭爆發。東巴基斯坦獨立為孟加拉人民共和國。
1974	印度進行第一次核子試爆。

3-4 與國境相接的六個國家

巴基斯坦、尼泊爾、不丹、孟加拉、緬甸、中國。

了解在外交、貿易、人民往來、文化交流等與印度相互影響的各國基本資料，以掌握印度半島的資訊。

與國境接壤的各國

與印度廣大國土的北、東、西三面國境接壤的六個國家。

周邊諸國

巴基斯坦伊斯蘭共和國（2006 年 3 月）	
英文名	The Islamic Republic of Pakistan
面積	79.6 萬平方公里
人口	1 億 5250 萬人（2005 年，人口年增率 1.9 %）
首都	伊斯蘭瑪巴德（Islamabad）
人種	旁遮普人、信德人、普什圖（帕坦）人、俾路支人
語言	烏爾都語（國語）
宗教	伊斯蘭教（國教）

尼泊爾王國（2005 年 3 月）	
英文名	Kingdom of Nepal
面積	14.7 萬平方公里
人口	2474 萬人（2003 ／ 04 年度，政府中央統計局推算）
首都	加德滿都（Kathmandu）
人種	林布族、拉伊族、塔芒族、尼瓦族、古倫族、馬嘉族、塔魯族等
語言	尼泊爾語
宗教	印度教（國教）

不丹王國（2004 年 10 月）	
英文名	Kingdom of Bhutan
面積	約 4 萬 6500 平方公里
人口	約 65.8 萬人（2000 年，不丹政府資料）
首都	辛布（Thimphu）
人種	西藏系（約 60 %）、尼泊爾系（約 20 %）等
語言	宗卡語（公用語）等
宗教	佛教、印度教等

孟加拉人民共和國（2006 年 5 月）	
英文名	People's Republic of Bangladesh
面積	14.4 萬平方公里
人口	1 億 3810 萬人（2003 年，世界銀行統計數據）
首都	達卡（Dhaka）
人種	孟加拉人占大多數
語言	孟加拉語（國語）
宗教	伊斯蘭教 89.7 %、印度教 9.2 %、佛教 0.7 %、基督宗教 0.3 %（2001 年國勢調查）

緬甸聯邦（2006 年 7 月）	
英文名	Union of Myanmar
面積	68 萬平方公里
人口	5217 萬人（緬甸政府《2002 年統計年鑑》）
首都	奈比多（Naypyidaw，未正式發表。舊首都為仰光）
人種	緬甸族（約 70 %），還有其他多個少數民族
語言	緬甸語
宗教	佛教（90 %）、基督宗教、回教等

中華人民共和國（2005 年 7 月）	
英文名	People's Republic of China
面積	960 萬平方公里
人口	12 億 9227 萬人（2003 年末）
首都	北京
人種	漢人（總人口的 92 %）及 55 個少數民族
語言	漢語（中國話）
宗教	佛教、伊斯蘭教與基督宗教等

資料來源：外交部網頁、各國指標（印度）

3-5 活躍的龐大NGO組織（現場採訪）

以果亞為活動據點的 Desc Resource Centre。

印度在近代化的過程中，發生了各式各樣的社會問題。我訪問一個活躍於全世界的印度NGO組織的代表馬丁斯先生，聽聽他的看法。

■羅蘭・馬丁斯先生

進入在招牌上寫著「Desc Resource Centre」名稱的機構中，狹窄的房間裡可以看見印度、美國、德國及日本等國的書籍排列架上，其中甚至有一本日文書《高爾夫球場的問題》。這裡正是提供所有人資訊和網路傳遞的場所。

羅蘭・馬丁斯先生（Roland Martins）可以說是NGO組織（非政府組織）的代表性人物。在談話過程中，馬丁斯先生數次從各書架上取下幾本數十年前出版的書刊供我參考。井然有序可以不加思索地掌握書架上的分類，馬丁斯先生毫不猶豫地拿取書刊的模樣，就好像一座「活動書庫」。他一面看著書刊，一面與我談論印度面臨的各種時代的事件與人們的生活方式。

■日本度假村

「目前貴單位正舉辦什麼樣的活動呢？」聽到我這樣詢問，馬丁斯先生回答：「首先，我要讓你看一樣有趣的東西。」馬丁斯先生拿給我看的資料，是

＊JICA
Japan International Cooperation Agency 的簡稱。日本國際協力機構。

由日本政府在一九九三年所推動的一項名為「日本度假村」（Japanese holiday village）計畫的建設概要。

當時，日本政府與JICA＊聯手，在印度的果亞修建以銀髮族為對象的大規模住宿設施。由於使用觀光簽證前來印度，最長可居留六個月，所以才形成這個希望吸引退休的日本長者在自然景致優美且物價便宜的果亞居留六個月的計畫。最初預定在沿著海岸的廣大土地上建設公寓、購物中心及高爾夫球場等各式各樣的措施。

但也是在這個時候，由於觀光地化的關係，果亞逐漸失去昔日美麗的自然風景，當地居民也開始察覺到自己土地的珍貴。於是果亞的市民團結起來反對興建度假村，日本政府原先的計畫也因此受挫。

「日本說是為了印度的利益著想，卻進行工程建設來破壞自然，藉以賺取金錢，最後還經由運作將獲利轉回自己國家。此外，日本帶給印度的並不只是技術上的知識，也教導了我們高爾夫球場的環境破壞與開發所隨之而來的各種問題的知識。所以印度人並不是在反抗日本，而是對於長期的土地開發表示反對。」

然而即使是在二〇〇六年此時，日本還是再次在果亞進行新的水道設施工程。現在馬丁斯先生和日本的代表也持續地反覆進行磋商。

馬丁斯先生苦笑著說：「為什麼日本會這麼執著於果亞這個地方呢？真是令人感到不可思議。」「觀光客可以盡情地前來果亞，果亞是美麗的地方，歡迎大家來遊玩。但也正因為這裡是美麗的地方，所以既不需要高爾夫球場，也不需要賭場。人們只要在大自然中澈底放鬆就可以了。」

▲在果亞海灘相遇一對精神奕奕的印度人父子。

▲正在野餐的印度人。

印度面臨的問題

筆者：在印度，像馬丁斯先生一樣擁有「Desc Resource」這類性質職業的人多不多？

馬丁斯先生：以前還沒有這麼多，但是現在應該已經增加不少了。資訊傳遞是其中最重要的關鍵。無論是日本興建度假村，或是政府進行大規模工程，一般大眾都不會知道詳情。人們只有在環境遭到破壞、自己的生活受到直接影響時，才會感到氣憤。

我認為大家必須更清楚地知道現在到底在發生些什麼樣的事情。正因為如此，我從四面八方的人那兒蒐集不同的資訊，並且傳達給需要知道的人們，然後集合群眾的力量。

此外，在這廣大世界的某一處，一定也會發生類似這樣的問題，像是高爾夫球場破壞環境、大氣汙染以及垃圾問題等。

我們和全世界的人們交換情報，聯手相互合作，不僅可以更順利地解決問題，而且這比做任何事都還更能為彼此增添勇氣。

擔負起印度未來責任的年輕人們，更應該深思印度從前是如何，現在發生了什麼事，以及今後將何去何從。基於如此，我特別以年輕人為對象來進行各種宣傳活動。

筆者：請問您自己如何看待印度的未來？

馬丁斯先生：過度快速西化導致印度發展陷入瓶頸。從獨立到現在，已經過了五十個年頭，無論是在文化、經濟或政治各方面，發生變化都過於快速，所以無法趕上這種快節奏步伐的許多人會感到苦惱。

雖然眼前可以看到都市的年輕人和上班族們擁有汽車、使用行動電話，並

▲都市一角的流浪漢。
（攝影／Claude Renault）

且大力讚賞西洋化，但是請看看農村地區吧！去年發生許多起農民自殺*的悲劇。然而在此之前，印度幾乎從未聽過農民自殺的案例……

事實上，他們都是為貧窮所苦。政府為了能收穫更多的農作物，所以貸款給農民，讓他們能買入更多的農藥來使用。但因為這樣，過去擁有肥沃土壤的土地都因而壞死，導致還背負著沉重銀行貸款的農民生活困苦，最後走上自殺的絕路。這不是很悲哀嗎？農民身為印度這國家的骨幹，卻落到自殺的地步，真的是一個很大的問題。

羅蘭・馬丁斯先生

***農民自殺**

印度西孟加拉邦有一處被稱為「自殺村」的地方。雖然當地人口有二千七百人，但在過去的六年間已經有三十八人自殺。印度記者曾前往該地採訪，也實際刊登在印度的報紙版面上。

在地思維，全球行動

馬丁斯先生：每次一談到環境問題這類的話題，許多人便會問我：「你是一位悲觀主義者嗎？你是不是認為未來黯淡無光呢？」其實沒有這回事。我認為自己比起一般人來說，還算是一位樂觀主義者，因為我相信我們自己擁有改變的力量。

印度將在二〇一一年迎向獨立五十週年，而現在正好站在十字路口上。這是選擇未來道路極為重要的時刻。

就因為如此，我正在發起一項名為「Goa Can」的宣傳活動，將「我們一定能做到！」的標語分送給許多人。我認為要不消極、樂觀地看待未來，抱持「我一定能做到！」的信心來行動，這十分重要。

筆者：您個人認為印度的魅力是什麼呢？

馬丁斯先生：應該是民族的多樣性吧！在印度這片廣袤的土地上，居住著無數的民族。正因為擁有這種民族的多樣性，我認為這便是印度的優點，同時也是它最具魅力之處。不過問題是政府並未尊重其中許多民族的文化和權利。我認為無論是地形、食物、傳統文化、野生動物及大自然等的多樣性，就是印度的魅力所在。

印度在一九八〇年之前的政策是「全球思維，在地行動」（Think globally, act locally.）；然而從一九九五年開始，已經轉變成「在地思維，全球行動」（Think locally, act globally.）。一面考量本土化，一面以世界為舞台來進行活動——每一天，不斷地收集資訊、擴展傳播網路、引起討論、給予困苦的人們生存勇氣，這間小小的書房正與全世界相連結。

GOA CAN
NEWSLETTER

▲馬丁斯先生發行的報紙《Goa Can》。

果亞美麗的夕陽

各式各樣的人穿梭在孟買的十字路口

Column

閒談印度香菸

印度人無論什麼垃圾都往路旁丟，即使是喝完茶後的陶杯也隨手棄置在馬路上，當然連菸蒂也理所當然地順手一拋。不過，近來印度也開始實行區隔吸菸區的措施，餐廳裡也很令人驚訝地增設了非吸菸區。我心裡想著印度也開始在改變了，但一問起「請問垃圾桶在哪裡？」卻又為「丟在那裡就好了，不要問奇怪的話啦！」這樣的答覆感到無所適從。這就是印度！印度人喜歡的香菸品牌「Four Square」一包十六盧比，街旁的香菸店也零賣香菸，兩盧比就可以買一根。

▲香菸店老闆。

第4章

眾神的國度

深入日常生活的印度宗教

各式各樣的宗教混雜並存在印度。

為什麼印度會如此複雜呢？如果回答主要是因為多樣化的宗教力量，也不為過。

■宗教博物館

印度的宗教世界極為深邃，但即使只能窺知一二，也算是踏出理解印度的第一步。

依據二〇〇一年的國勢調查，印度總人口裡信仰各宗教的比例，印度教占八〇．五％，伊斯蘭教占一三．四％，基督宗教占二．三％，錫克教占一．九％，佛教占〇．八％，耆那教占〇．四％，其他還有猶太教、祆教，以及各地傳統對自然界神祇的膜拜等，可見有無數宗教並存在印度。這些宗教不但有各自的世界觀，也各自擁有膜拜的神明。

無論是頭纏著白頭巾，或是戴著小帽，印度男性所呈現的各種模樣，顯示每個印度人都遵從所信仰的宗教教規而生活。印度本身正是一座宗教博物館。

■生活中的宗教

印度人站在恆河河水中向神明誠心祈禱的景象極為著名，而他們也會在一天之中多次向神明祈禱。為了能隨時膜拜神明，人們在家中設置祈神用的小櫃或小房間，在此禱唸著經文。無論是白

Tip 印度最短的時間單位是「剎那」，據說彈指之間即有六十五剎那。

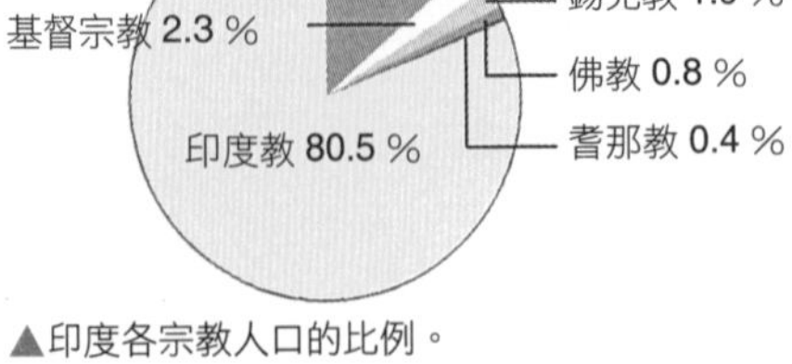

▲印度各宗教人口的比例。

天、傍晚或睡前，他們數次向神祈拜。印度教教徒會在為數眾多的本教神祇之中，選擇一位自己最信仰的神明，然後將這位神明的相片製作成掛飾，隨身攜帶片刻不離，或是製作成海報，裝飾在車裡或房間中。此外，他們在街頭也會以「我信仰這位神明，你信仰的是哪一位神明呢？」這樣的對話互相寒暄。將神明全都視為偶像般對待的印度人，其日常生活與信仰世界緊密連結的程度，遠遠超過我們這些外人的常識。

纏著白頭巾的印度男性

（攝影／ Claude Renault）

印度街頭張貼的神明海報

印度教的教義

萬物眾生原為一體。

印度教教徒占了印度所有人口的八成，在此將介紹和政治、社會等息息相關的印度教教義。

印度教教義

印度教的本質中有「萬物眾生原為一體」的教義。眾神也和人類一樣，都在大自然的「業」（Karman）這種法則支配下，無法從中解脫。整個宇宙被視為一個超然的實質存在，無論是石頭、植物的根、一片食物、樹木的殘株、蝦子或老鼠等，都能被當作神明般崇拜。此外，還會將神明擬人化，或將人類神格化。已有兩、三千年歷史的印度教，歷經長期變遷，也已發生許多變化。

釋迦牟尼是眾神之一

印度教存在許多神明，每個神明都允許其他神明存在，其原因在於印度教認為所有的神明其實都是一體。印度雖然不時仍會發生伊斯蘭教教徒和印度教教徒的宗教爭論，但是經歷漫長歲月，多種宗教仍能共存於一國，其重要原因也許便在於印度人高達八成多是印度教教徒的關係。印度教的教義中，甚至將其他宗教的神明也當作自己的神明，容許祂們存在。即使是佛教的開創者——釋迦牟尼，也是印度教眾多神明之一。

▲印度教視牛為最神聖的動物。

▲堂而皇之過馬路的牛。

寬容與嚴苛

雖然印度信仰主流的印度教相當寬容，但也不能忘記，即使到了現在，印度還是保留了鮮明的種姓制度其嚴苛的一面。

雖然印度教不會強行在整個社會中只維持單一秩序的信仰型態或習慣，但是卻仍存在著在團體中必須嚴格遵從的規定。人們一旦破壞規定，便必須受到懲罰，而這項嚴厲懲罰很可能是將違規者從社會放逐。

印度教的供養儀式

印度教的祭拜儀式稱為「供養」（Puja）*，這也是在每個人的生活中很重要的一項儀式。人們在河中的祭祀場所膜拜神明，誠心獻祭動物、穀物、酒或水等。這項儀式在不同地域有各自的特性，旅遊於印度時，便可以經常看到人們誠心膜拜的模樣。不只是儀式，人們也透過祭典或巡禮等，向神明祈求現世或來世的利益。

供養祭現場

＊ Puja
印度教的儀式，譯為「供養祭」。

4-3 印度教眾神

印度教最著名的兩大天神——濕婆神和毗濕奴神。

印度教的神明眾多，在此將介紹其中幾位特別受到人們喜愛的神明。

■印度教三大神明

印度教的世界觀中，關於世界成立有以下傳說：梵天（Brahma）是創造世界之神，毗濕奴（Vishnu）是維持世界之神，濕婆（Shiva）是破壞世界之神。

・濕婆神

破壞之神濕婆神居住在喜馬拉雅山脈的凱拉斯山（Mt. Kailash），坐騎是白公牛南迪（Nandi）。他的妻子是力量神帕瓦蒂（Parvati），長子智慧神甘尼許（Ganesh），次子戰神鳩摩羅（Kartikeya或Skanda）。濕婆神擁有一一一六個別名，這些別名構成長篇經典《曼陀羅》（Mantra，真言）。喜愛舞蹈的濕婆神敲響宇宙的旋律，據說這表示宇宙永恆的運作。濕婆神也是瑜伽的始祖神，佛教則稱祂「大黑天」、「大自在天」等。

濕婆神

▲印度計程車中也供奉著神明。

・毗濕奴神

世界的維持之神，也是慈悲與恩惠之神。毗濕奴神的坐騎是金翅聖鳥伽魯達（Garuda）。如今在印度教三大神明中，梵天神的人氣略減，濕婆神和毗濕奴神則並列為最受人喜愛的神明。毗濕奴神為了幫助人們，因此擁有許多「化身」，也經常以化身出現在人們面前。黑天和佛陀便是毗濕奴神最著名的兩種化身。

印度人以這些神明製作成標誌或海報，當作在生活中親近的絕對信仰。

・梵天神

祂是擁有世界創造之神地位的印度教三大神明之一。現在人氣稍微下滑，將最受信仰的寶座讓給濕婆神和毗濕奴神。但早在古代聖典《吠陀經》（Veda）的時代，梵天神便被視為根本原理、宇宙，至今仍屬於印度哲學的中心地位的神明。

毗濕奴神（化身公豬神 Varaha）

梵天神

其他神明

・帕瓦蒂女神

濕婆神的妻子，人稱為「神妃」。濕婆神雖然還有其他妻子，但帕瓦蒂是正室，地位特別，也是甘尼許神及鳩摩羅神的母親。

帕瓦蒂女神

・甘尼許神

濕婆神和帕瓦蒂女神的長子。擁有象頭的甘尼許身兼富有與繁榮之神、智慧與學問之神、去除障礙帶來成功的現世利益之神，所以人氣很旺。在印度，當開始進行某件事情時，習慣上會先膜拜甘尼許神以祈求成功。

甘尼許神

・鳩摩羅神

和甘尼許神一樣是濕婆神的兒子，被視為戰神。鳩摩羅神騎著孔雀，擁有六張臉、十二隻手，信徒也尊崇祂為護法之神。

▲向河川之神祈願的祭祀儀式。

鳩摩羅神

·吉祥天女

吉祥天女（Lakshmi）是財富、幸運與豐收女神，也是毗濕奴神的妻子，祂是一位絕世美女。吉祥天女會帶來無與倫比的恩惠之雨，從手中撒出錢財，因此被視為現世利益之神而受膜拜。

吉祥天女

·黑天

黑天（Krishna）的長相英俊，在印度是一位猶如明星般受崇拜的神。祂原本是西元前七世紀左右真實活躍於人世的英雄，因此成為偶像，後來並神格化，據說是毗濕奴神的第八個化身。

黑天

4-4

為數可觀的印度宗教

伊斯蘭教、基督宗教、錫克教、佛教、耆那教、猶太教、祆教、原住民的宗教等。

在此簡單介紹印度各宗教的特徵。

伊斯蘭教

由於伊斯蘭教教徒於八世紀入侵，伊斯蘭文化因此流傳至印度，所以泰姬瑪哈陵和迦密清真寺等許多珍貴的建築都是根據伊斯蘭文化建造而成。單從人口數量來看，印度教教徒占了壓倒性的多數，但印度的歷史可以說是由占了人口一成比例的伊斯蘭教教徒和印度教教徒共同形成。停留於都市地區期間，早晨也會被從清真寺所傳來的可蘭經禱念聲喚醒。

基督宗教

十五世紀後半達・伽馬（Vasco da Gama）發現印度新航路後，天主教傳教活動也自此在印度展開。

在果亞有著名的天主教耶穌會修士聖方濟・沙勿略的墳墓。在南印度旅行時，會見到沿岸地區或路旁有不少小型教堂，可以實際感受到人們信仰的虔誠。

錫克教

十五世紀後半，由創始人納拿克（Nanak）以統合印度教和伊斯蘭教為目標而創立的宗教。男性信徒在頭上纏

Column

印度佛教復興運動

一九五六年，由印度憲法起草者之一——安貝卡（Bhimrao Ramji Ambedkar）和五十萬名「不可觸碰的人」共同發起脫離印度教而改信佛教的運動。現在則由安貝卡的正式後繼者——日本僧人佐佐井秀嶺持續進行這項運動。

戴頭巾、蓄大鬍子是其特徵。否定種姓制度的錫克教認為，人們有選擇職業的自由，而且眾人團結後將有強大的力量，所以貧困階層就會減少，富裕的人就會增加。

其他宗教

為了能更接近理想的人物——二十四位祖師（Jinas；Tirthankaras），因此在山中遵行嚴格戒律並苦行的耆那教；發源於印度，並以亞洲為中心向外傳布的佛教；起源於創世紀，但現在信仰的人數已日漸減少的猶太教；八世紀時信徒從波斯（今伊朗）逃亡至印度，別名為「拜火教」的祆教。此外，還有以自然崇拜為信仰中心，擁有獨特宇宙觀的原住民各種宗教。

旅遊於印度，不但在生活中和眾神共存，也會經常和隨時意識著神明存在的印度人相遇。

印度各地的宗教建築

▲南印度的教堂。

▲伊斯蘭教清真寺「迦密清真寺」。
（攝影／ Steve Evans）

▲錫克教總部「黃金寺院」。

▲耆那教聖地——Shravanabelagola。
（攝影／ Matt Logelin）

4-5

印度的節日與慶典

洋溢宗教性且狂熱的印度節慶。

眾神和偉人們的誕生慶典、慶祝自然恩典的收穫祭等，在印度有各式各樣的節慶。在此就各地與宗教緊密相關的印度代表性慶典作摘要性的介紹。

■共和國紀念日（一月二十六日）

這是印度最重要的節日，是紀念共和國憲法發布的日子。在新德里會舉辦陸海空三軍的盛大遊行，德里各地方也會舉辦民族舞蹈大會。

■荷利節（二月）

荷利節（Holi）是在印度教曆最後一個月（Phalgun）的月圓之夜，人們堆積枯枝和破衣物，當作是魔女荷利，然後點火燒盡。隔天一早，大家慶祝春天到來，互相潑灑彩色粉末，相當狂熱。

■密納克西神婚慶（四至五月）

在馬都賴的密納克西神廟舉行的神婚慶（Meenakshi Thirukalyanam），是南印度最大的慶典。為了慶祝密納克西女神嫁予濕婆神的婚禮，在十天慶典期間，載著神像的神轎在街上遊行，並加入樂隊演奏。

■拉塔・亞特拉（六月）

祭祀宇宙之神加達納許（Jaganna-

＊**布里** 和德瓦卡（Dwarka）、瓦拉那西、拉梅斯瓦蘭（Ram-esvaram）並列為印度教四大聖地。

th）的拉塔・亞特拉（Rath Yatra）慶典，吸引來自印度各地眾多熱忱的信眾聚集在布里（Puri）＊。慶典的最高潮是數千名信眾拉著巨大的神轎在街道遊行，神轎高十四公尺、寬十公尺，共十六個車輪。

獨立紀念日（八月十五日）

印度人慶祝獨立的紀念日。人們會在德里的紅堡舉行慶祝獨立的儀式。

屠妖節（十月至十一月）

屠妖節（Deepavali）是印度的三大慶典之一。為了將財富女神吉祥天女請到家中招待以獲得祂的祝福，在卡提克月（Kartik）＊的新月之夜，家家戶戶門口都點起許多盞油燈（Diwali）照亮道路，並獻上供品。

耶誕節

在基督徒人數多的孟買、果亞及清奈，這天會盛大慶祝救世主耶穌誕生。在生長著椰樹的南國，大家於太陽下盡情舞蹈，到耶誕夜則舉行盛大的彌撒。

Diwali

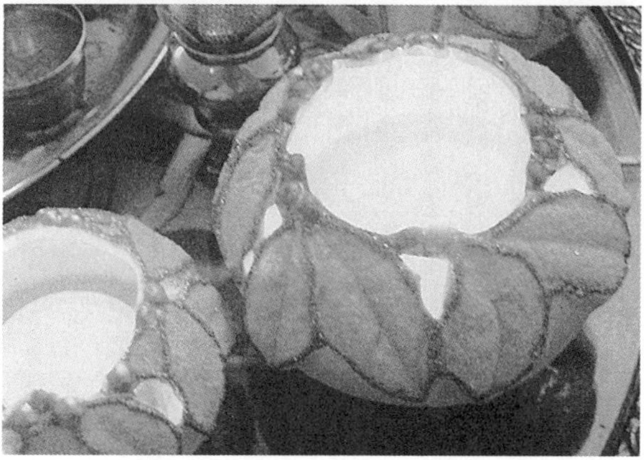

（攝影／Jaideep Khemani）

＊卡提克月　印度教曆中的十月到十一月。

4-6

現居印度的日本人主神官談印度之事（現場採訪）

在印度興建「週日學校」的後藤惠照主神官。

訪問對印度的教育有極大貢獻的後藤主神官，請他談談關於印度社會和宗教的情形。

創辦週日學校的日本人主神官

一九七九年時，後藤主神官就在印度鹿野苑（Sarnath）為孩子們創立了一所「週日學校」。當初只收了約五十名學生，但到了二十八年後的現在，學生人數已達六百人，教職員二十人，而且也不再只是小學，已成為一所包括國中和高中的大型教育機構。

這所學校還被指定為疫苗接種的地點，也當作村民交流的場所。

印度的教育和就業狀況

筆者：您認為隨著經濟發展，印度的教育水準也同步提升了嗎？

後藤主神官：二十五年前印度仍然很貧窮，但近年來已從貧窮的谷底攀升了。無論是道路或寺廟，也都變得較為美觀。升學率年年上升，現在已經達到約六〇％。然而，即使是修完學業，如果不靠賄賂仍然找不到工作，所以大多數人還是繼承父母的職業，這是印度的真實現況。因此，這也使得印度人民整體的學習心低落。因為印度是一個賄賂盛行的社會，即使受過教育，貧窮者大部分仍然無法找到工作。

▲後藤主神官在遺跡中坐禪。

筆者：不賄賂就無法找到工作嗎？

後藤主神官：無論是就業或申辦建築許可，賄賂都是必要的。在印度，如果進行賄賂，甚至連大學學位都可以取得。不但警官會阻擋汽車收取賄賂，連申請獎學金時承辦人員也要收取賄賂，以致學生並無法拿到獎學金的全部金額。申辦建築許可時也得要買通承辦窗口，各份文件都必須給相關承辦人員一些錢，如果不給錢，申請程序就會中止，更別說警官也會挑剔各種毛病來要錢。此外，想當警官也必須花約五十萬日圓（約新台幣14～15萬）來賄賂。負責長距離路線的卡車司機，從公司到飯錢總共要付給警官約十盧比的零錢或二十盧比的禮金；萬一行車途中被警官攔下來，還要給零錢買通才能打發。

印度人自嘲說：「窮人死了，富人活了。快付錢給老子！如果窮人死了，印度就會富有，印度政府萬萬歲！」

後藤惠照主神官的經歷

1933 年	出生於茨城縣土浦市神立。
1951 年	入土浦市曹洞宗神龍寺。
1978 年	渡印，在孟加拉佛教會（加爾各答）再次剃度。
1979 年	建立鹿野苑法輪精舍。
1989 年	於印度瓦拉那西大學（Benaras Hindu University）擔任教授。
1999 年	創設國際根本佛教大學。
2001 年	歸化印度。

註：詳細資訊請參閱「鹿野苑法輪精舍」網頁 http://www.geocities.jp/i_loveindiajp/index.html

學生們的模樣

年輕人的宗教疏離

筆者：接下來想請教您關於印度佛教界的現況。

後藤主神官：日本的佛教正在墮落中，印度則由於是佛教的發祥地，所以仍然令人有所期待。雖然印度的佛教也在墮落，但因為這裡是釋迦牟尼佛的國度，所以我還是喜歡印度。只是和其他國家一樣，印度的年輕人也逐漸遠離宗教。於是宗教變得徒具形式，再也不會恢復了。

學校的學生不但在佛教婚禮、新居祝賀、誕生祝賀或是葬禮時，會參加寺廟的活動，也能藉由佛教儀式對一般人進行傳教，所以我想佛教徒的人數還是會增加。對於學生們因為也能藉由傳授巴利語（Pali）來傳教，所以仍在一點一滴地改變。雖然老人的頭腦不太靈光，並不是很清楚狀況，但是年輕人應該可以快速地理解。

然而，年輕人大概有九成是拜金主義者，他們對宗教疏離，也不再信仰神明。年輕人知道神明是架空的形象，幾乎沒有年輕人會再相信印度神猴哈努曼（Hanuman）在空中飛行、智慧神甘尼許是真實存在等說法。繪在畫中的餅並不能吃，架空的神明也無法解救人類，這不正是現今年輕人的想法嗎？但另一方面，他們似乎也認為錢是愈多愈好。

此外，無論是信仰印度教，或是信仰伊斯蘭教，都會因為雙親的宗教信仰而決定孩子的宗教信仰。宗教是一種感情層面的問題，即使理智上認為佛教不錯，但行為上還是不會因此而有什麼改變。總而言之，也就是所謂的遵照習慣來行動。

筆者：您個人如何看待今後印度的未來呢？

後藤主神官：隨著近代化的腳步，

▲主神官愛騎腳踏車。

▲週日學校。

印度也逐漸走向拜金主義或成為「經濟動物」的國度，精神層面變得低落。但是人口問題若沒有得到有效解決，貧富差距便會逐漸擴大。印度社會目前賄賂橫行，所以首先必須讓賄賂絕跡。然後消除種姓制度，並解決人口問題。我認為以上這三點才是重點所在。不陷入拜金主義，便會更重視精神層面，我由衷地希望大家培養宗教心、倫理道德心與公德心。

筆者：您今後的夢想是什麼呢？

後藤主神官：我已經上了年紀，要再做新的事情覺得力有未逮，但還是希望未來十年能再為學校做些什麼。此外我想讓學生到日本留學，號召人們學習日語。

雖然前面說了不少破壞印度印象的話，但其實印度也有它非常光明的一面喔！雖然風景區的當地人會以欺騙觀光客來賺錢，但儘管如此，大多數印度人還是很親切的。例如在搭計程車時，縱然一開始因為車資議價而拉高嗓門，但是講定價錢上車後，司機依然會親切相待。此外，前往少有觀光客的鄉下地方時，大部分居民也都十分親切好客。最後，我想介紹頌詠印度的歌謠。

草津真是好地方，一定要來玩喔！
印度真是好地方，一定要常常來！
愈常到印度，知道愈多！
愈多看印度，知道愈多！
好事或壞事，你一定知道！

▲週日學校內的樣貌。

宗教是什麼？（特稿・吉田耕一）

在印度不得不思考的事項。

印度加爾各答的莎德街（Sudder Street）以便宜旅館集中而著稱，除了遊客外，許多前來德蕾莎修女之家擔任義工的人，也穿梭在這條街上。

■德蕾莎修女的聯合彌撒

我曾住在莎德街上，每天步行十五分鐘前往德蕾莎修女之家，這短短的路程卻能讓我思考各種事情。

對於占印度人大多數的印度教教徒來說，牛是神聖的存在，連並不了解宗教的我也知道這件事；但是在前往德蕾莎修女之家途中路過的商店裡，這般地位的牛卻被倒吊起來分解販賣。看到牛隻悽慘的景象，我不禁驚訝地懷疑：難道這些人沒有一點宗教心嗎？然而仔細一看我才發現，這一帶似乎是屬於伊斯蘭教教徒的地區。

話雖如此，當印度教教徒前來當地時，難道不會生氣嗎？後來我下定決心試著問下榻旅館的員工，結果他回答我說：「不會生氣吧！他們是他們，我們是我們。而且在他們舉行重要宗教慶典時我們也一起慶祝，輪到我們時他們一樣會這麼做。」真是令人意外的答案！尤其在問話當時，正好是被世人認為因宗教紛爭而起的伊拉克戰爭陷入膠著的時刻，所以格外令人驚訝。

▶加爾各答市內以便宜旅館集中而著名的莎德街。

此外我也懷疑，以國家層級思考的「宗教」，和一般人所謂的宗教是不是仍然有所差異。後來便發生了證實這個想法的事件。

有一天，在德蕾莎修女之家擔任義工的修女告訴我：「耕一，這次的彌撒你一定要來參加喔！很漂亮喔！」到底是什麼東西漂亮呢？且聽我繼續說明。

那一年（二〇〇三年），天主教教宗決定為德蕾莎修女舉行宣福儀式（天主教徒封聖的第一步驟），所以要舉辦大型的祝禱彌撒。而且參加這場彌撒的並不只是天主教徒，還包括印度教、伊斯蘭教、錫克教、佛教等等不同宗教的信徒。也就是說，在一個場所之中，各種宗教聯合為德蕾莎修女進行彌撒。儘管全世界的宗教爭端不曾間斷，但各宗教卻在這裡為了一位女性而齊聚一個場所內共同舉辦彌撒乍聽這件事的我渾身都起了雞皮疙瘩。

德蕾莎修女生前對來擔任義工的人們說過：「你如果是印度教教徒，就要當一位更好的印度教教徒；如果你是佛教徒，就要當一位更好的佛教徒。」

宗教是什麼？我每次在路上看到牛隻的時候，就會忽然陷入思索……

德蕾莎修女的宣福儀式

4-8 在德蕾莎修女之家遇見的少年（特稿・吉田耕一）

拉凱庫馬爾與一本繪本。

這是在「垂死之家」*與某位少年患者相處的往事。

■北印度語和孟加拉語

我在垂死之家擔任義工，當從這位少年的病床旁經過時，他開口對我說：「水！」是想要喝水嗎？原來如此，於是我將水倒入杯子中遞給他，但周圍的患者卻一起對我說了幾句，大概是「不可以給他喝！」之類的話。從氣氛上來看，並看不出大家有什麼不懷好意的現象。然後，一位病患指指貼在少年床上的紙，上頭寫著英文「Diabetes」，在這個字的下方則加註了「禁止給這位患者砂糖和碳水化合物」的警告字句。「這是什麼病？」我詢問其他義工，得到「糖尿病」這樣的答案。我看這位少年明明很瘦小，肚子卻極凸出，據說依照專家的看法，這位少年罹患了重度糖尿病。

幾天後，我坐在垂死之家的大廳，發現那位少年坐在患者浴室中，像是需要幫助似地不斷左顧右盼。他因為步行困難，並無法自行移動。我問他：「怎麼了？」他雖然說了些話，我當然一句都聽不懂。垂死之家所在的地區並不是使用印度的公用語言北印度語，主要是使用孟加拉語，所以能和只會說北印度

*垂死之家
意指「等待死亡者的家」。這是德蕾莎修女之家的設施之一。詳情請參照第六章第三節。

▲德蕾莎修女之家的招牌。

語的少年說話的人，在這單位中似乎不多見。

我試著觀察他的姿態，看來他似乎是想要洗澡的樣子。「不行！不行！剛剛洗過了喔！」我比手勢阻止他，沒想到他卻忽然哭了起來，嚇了我一大跳。因為自從他來到這裡之後，我還不曾見過他將感情表現在臉上。他一邊哭，一邊對我說著些什麼。大概是很痛苦吧？沒有任何親人，身患重病，又和周圍的人語言不通。他還只是一個少年呢！我摟著繼續哭泣的少年的肩膀，一邊輕輕對他說：「沒關係！」一邊撫摸他的背。我能做的，就只有這樣了。

數日之後，我又前往垂死之家，環視患者們的病床時，正好與少年四目相交。他一邊說一邊比手劃腳表示自己想去洗澡。我告訴他：「可是只能去一次喔！」然後帶著他到浴室洗澡。等洗完後，為他穿好衣服，抬著他來到大廳。

然後，我打算要試試看做一件事。我幫他坐好，接下來從自己的包包中拿出一本名為《手指北印度語會話本》的書。這本書的內容繪製了各式各樣的圖案，列在圖旁邊的北印度語也標示了日文片假名，所以能一邊拿書指著圖案給當地人看，一邊唸出片假名來和對方對話。因為當初我不知道在加爾各答主要是使用孟加拉語而買了這本書，所以原本是一本讓我覺得「沒啥用處」的書。但我心想，既然少年只會講北印度語，就帶過來給他看。

給少年的一本書

於是我一邊手指著畫，一邊看著片假名嘗試唸出北印度語。老實說原本我對他是不是能夠理解感到不安，但是我一唸北印度語，他的表情卻忽然一下子變得明朗。他自己一邊指著書中的畫，一邊以北印度語唸起來。我摟著他的肩

▲加爾各答的街道。

膀，以片假名發音應和著他唸出來的音調一起閱讀。

這本書的內容其實只是一些簡單的數字、招呼語和食物名稱而已，但他很開心地一個接一個唸出聲，有時也會對我說明那個詞語的意思。例如指著「天主教」的圖案時，他便比手劃腳對我解釋：「是這裡（德蕾莎修女之家）。」指著「清真寺」的圖案，就會解釋：「在一間大房子裡祈禱。」這是我第一次見到他充滿生氣的笑臉，心裡有一種無法言喻的感動。

當他指到「你的姓名是什麼？」的圖案時，我利用這個機會試著問他的名字，他回答我：「拉凱庫馬爾。」並且在我拿出來的筆記本上以北印度語寫下他的名字。那天晚上回家時，我順路來到書店，尋找諸如《國王的故事》或《天使的故事》之類屬於他這個年紀的孩子可能會喜歡看的書籍。雖然找得精疲力盡，但身心都覺得很滿足。

第二天下班之後，我很興奮地前往垂死之家，原來看到別人的笑臉是如此地快樂，這對我來說還是第一次的體驗呢！一到那裡，得到修女的許可，我就將書遞給拉凱庫馬爾，他興致盎然地接下。「看完後，就傳給其他人看吧！」我這麼說，然後便離開了。等靠近入口處時一回頭，發現他正拿著書給隔壁的病患看，而且很高興地在說些什麼。

幾天後，我估計那本書差不多該看完了，又帶著新書來到垂死之家，但那裡已經沒有拉凱庫馬爾的身影了。我詢問鄰床的病患，才得知他已經被轉送到醫院去了。雖然心裡覺得遺憾，但這也是沒有辦法的事，因為這麼做都是為了他好。

對我來說，他已經教給我在今後人生的旅途中非常重要的事情。不需任何要求，他便精神奕奕地給我幸福。

▲吉田耕一（下）和義工們。

朋友的家裡

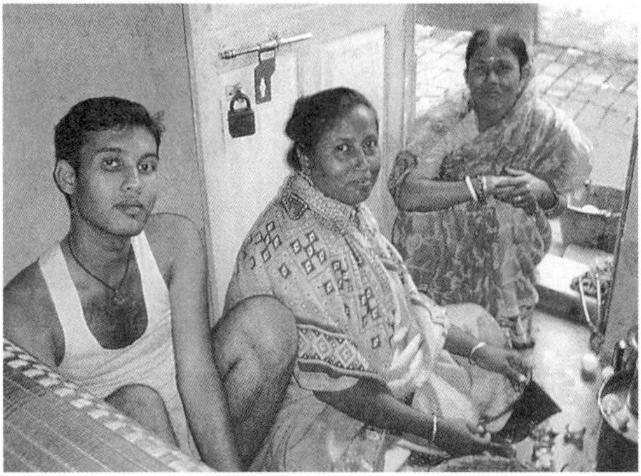

▲吉田先生的朋友和他母親是基督徒，最右邊的女性則是印度教教徒。

通往德蕾莎修女之家的街道

Column
在印度與笑臉相遇

這是在加爾各答的德蕾莎修女之家前遇到的孩子。雖然答應讓我拍攝下可愛的笑臉，但照完相後，站在後方的媽媽馬上就對我說：「買塊蛋糕給這個孩子吧！」當我向附近的攤販買蛋糕遞給他後，孩子又忍不住開心地笑起來。孩子的笑容擁有的力量是全世界共通的。

第5章

種姓制度與印度女性

5-1 印度特有的種姓制度

種姓制度可區別為「瓦爾納」及「迦提」兩大類。

提起印度，許多人會馬上想起「種姓制度」（Caste system）這名詞。「種姓制度」究竟是如何產生，又有什麼樣的結構呢？

■種姓制度簡介

種姓制度的起源可以追溯自西元前兩千年，當時雅利安人入侵印度，開始控制原住民達羅毗荼人（Dravidian）。在控制的過程中，雅利安人建立了將人民區分為婆羅門（Brahmins）*、剎帝利（Kshatriyas）*、吠舍（Vaishyas）*及首陀羅（Shudras）*四個階級的「瓦爾納」（身分）制度。然後又以瓦爾納制度為基礎創立婆羅門教（現在的印度教），並更進一步地進行階級分化，最多時形成兩、三千個階級。即使到了現在，在印度仍然殘留濃厚的種姓制度色彩。

■階級制度的限制

Caste 這個詞彙，源自於葡萄牙語中有「種族」和「血統」意味的字彙。十五世紀末來到印度的葡萄牙人，看見形成印度社會的階級制度，稱之為 Casta（意為血統制度）；後來經過時間演變，遂成為 Caste（種姓制度）。

雖然英文一般以 Caste 來統稱種姓

＊**婆羅門** 僧侶、祭司等執行儀式者。

＊**剎帝利** 貴族、豪族或軍人等擁有武力或政治力量者。

＊**吠舍** 商人、手工業者，也就是所謂的「平民」。

＊**首陀羅** 奴隸。從事人們看不起的職業。

▲首陀羅階級。（攝影／Joe Zachs）

制度，但實際上，在印度存有兩種種姓制度。第一種是如前所述將身分區分為四種的「瓦爾納」制度（Varna，種姓）；另一種則是包含職業和門第意味的「迦提」制度（Jati，階級）。

這些制度錯綜複雜，無法簡單說明清楚，但在現實生活中具有重要意義的是後者——迦提。對印度教教徒而言，種姓制度是由宇宙之神所制訂的神聖法則，是一種完全的世襲體制。因此，「迦提」是在出生時便已被決定了，一輩子都無法改變。婚姻方面只能和同一「迦提」裡的人結婚，要就業也不能選擇其他「迦提」的職業。只有農業是唯一一種開放的職業。此外，和其他的「迦提」一起用餐時也有嚴格的限制，以印度教中心概念的「潔淨與不潔淨」為基礎，在以婆羅門為最高地位的順序中，所有的人*和言行都被賦予了地位。

種姓制度（瓦爾納制度）

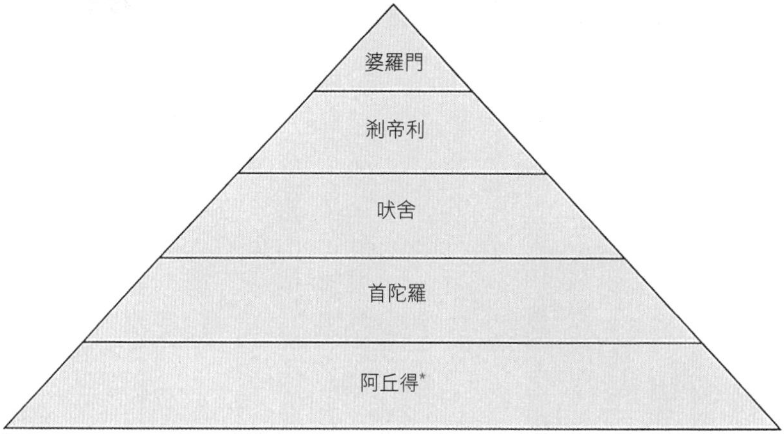

＊**所有的人**
在種姓制度中，外國人也會依族群各自分類，而且皮膚白的外國人身分較高。

＊**阿丘得**
北印度語，意指「不可觸碰的人」（The Untouchable），也就是賤民。不列入種姓制度中，其身分地位比首陀羅更低。

5-2

近代化使種姓制度崩潰？

貧富差距與種姓制度有密切的關係。

印度社會和種姓制度緊密關聯。在近代化的浪潮下，中、上層階級的消費活動相當活躍，但相對地，現今仍有人被迫以一天不到一美元過活。

■讀書就能脫離貧困？

印度的識字率，男性約六九％，女性約四六・四％，在亞洲各國中已經算是高的，但是種姓制度的最下層人民其識字率不到二〇％，而居上層者的識字率則高達百分之百。

上層種姓的孩子以知名大學為目標而紛紛投身考試地獄，正是印度社會的現況，在都市地區裡，補習班的宣傳海報和廣告看板非常引人注目。即使是在地方鄉鎮裡，如果當地出了一個頭腦好的孩子，便會傾全鄉之力送他去唸大學，而父母拼命工作賺錢以供孩子受高等教育的實例也不少。

相信經由讀書就可以脫離貧困，抱持這種想法的孩子們死命地讀書，希望大學畢業後到人們認為的好公司上班，這是中、下階層的印度人的夢想。

■「迦提」的間隔正在消失

超越種姓制度的規則而為印度人民帶來富裕的機會，主要是ＩＴ產業和委外服務等新興產業的力量。

▶在印度搭乘火車，就可以親眼目睹民族、宗教與種姓等各方面的差異性。

因為對新興產業的工作職位來說，以前那種受到諸多限制的種姓制度職業規則不能適用了。此外，印度政府為了消除貧富差距，採取設置獎學金制度的行政措施，致力支援中、下層種姓的孩子受教育。據說部分的外資企業和新興產業不會在履歷表上記錄員工的種姓，比起員工的種姓，這些公司更重視其學歷。也許可以說是由於近代化的浪潮，讓印度的種姓制度慢慢地變得不再那麼明顯。

種姓制度至今依然殘存

明令禁止以種姓制度為基準出現差別待遇的印度憲法，已經發布了五十多年。由於近代化的浪潮，種姓制度可以說比過去更為衰退，但在印度教教徒占全國人口八〇%的印度，與印度教有密切關係的種姓制度並不會如此簡單就絕跡。特別是收集垃圾或處理屍體等被迫接受過於嚴酷勞動條件的「不可觸碰的人」，至今仍承受極苛刻的差別待遇。現在印度約一億七千萬的貧困階層屬於「不可觸碰的人」，占總人口十六%。隨著中產階級的人口增加，與上層間的貧富差距較從前更嚴重的困苦民眾也增加了。

持續五千年的種姓制度*烙印從印度消失之日是否即將來臨了？

在山中偶遇的小學生們

▲這些小女孩每天行走數公里的山路上學。

*種姓制度
請參考西奎埃拉教授的訪談（第二章第七節）。

◀印度教的聖地哈得瓦，至今還是有許多印度教教徒造訪。

5-3

新嫁娘的悲劇——陪嫁金制度

必須獻上高額陪嫁金的印度新娘。

陪嫁金制度如今已成為國家的社會問題。甚至因此而發生殺人事件的印度陪嫁金制度，到底是什麼內容呢？

■什麼是陪嫁金制度？

印度新娘贈送新郎陪嫁金和嫁妝的習俗稱為陪嫁金制度。隨著近代化的潮流，儘管女性的地位較往日提昇，但這一習俗仍然沒有式微，陪嫁金的數額反而有增加的傾向。

一般擁有大學學歷的印度男性（醫學院、工學院除外），第一份工作的薪資不到新台幣兩千元，但陪嫁金的行情約新台幣七萬至一五〇萬，甚至更高。

■每年約一百人為陪嫁金而殺人

由於存在著陪嫁金制度，特別是對貧窮家庭來說，若有女兒誕生並無任何喜悅可言。在懷孕階段，如果知道懷的是女兒，便會終止懷孕；如果產下的嬰兒是女娃，也會想盡辦法弄死孩子。而且昔日帶著陪嫁金嫁過來的婦女，當自己的兒子娶妻時，便會要求對方付出和自己相同金額的陪嫁金，所以陪嫁金的負面循環便沒完沒了。

如果新娘無法負擔新郎的家族所要求的金額，便會受到新郎家人冷酷對待，甚至被逼著走上絕路的例子也不少。事實上，不滿意陪嫁金數額的婆婆

▲印度人的婚禮情景。

和媳婦發生爭執，在媳婦身上淋石油燒死這一類的陪嫁金制度殺人事件，在印度一年就會發生約一百件之多。

為何陪嫁金制度不會消失？

這項制度的背景便是種姓制度。由於近代化的浪潮，種姓制度的壁壘已經降低，如果存了夠多的陪嫁金，便能打破種姓制度的規則，和比自己更高種姓的男性結為連理。然而，陪嫁金金額增加並不僅止於都市地區，即使在地方鄉鎮也一樣，因此形成了極為嚴重的社會問題。

陪嫁金制度這種習俗其實違反了法律，因此政治團體、社會福利團體、女性團體等花費了數十年訴請廢止這項制度。儘管陪嫁金制度如今被廢止了，但是在以前並不存在此一制度的低種姓和低階級之間，恐怖的陪嫁金浪潮仍朝著女性席捲而來。

華麗的結婚儀式背後潛藏的悲劇

（攝影／Joe Zachs）

Tip 在印度，公然猥褻的規範十分嚴格。到二〇〇五年，在印度教儀式的結婚典禮中，於賓客面前接吻的新人們還會被判公然猥褻，必須科以罰金。

Tip 二〇〇六年六月，一名熱愛蛇的印度女性和眼鏡蛇舉行結婚儀式。

5-4

喜愛紗麗的女性們

即使邁向西化也未曾消失的紗麗文化。

在印度有「紗麗著裝典禮」*的儀式。印度女性們對紗麗懷有很深的情感，紗麗也含有極深遠的意義。

印度女性們熱愛紗麗

漫步於印度的街頭，目光便不知不覺被身穿五顏六色紗麗（Sari；Saree）的女性們所吸引。那充滿魅力的美麗服飾，只要一塊布就能著裝完成，讓人不得不佩服印度的文化。

一般穿著紗麗的方式，是先持布在腰上圍成一圈後，將布抓出摺痕塞入襯裙中，然後纏繞布料在身上，最後讓布蓋住胸前，從肩膀處垂至背後。印度女性通常在紗麗之下會搭配穿著「裘麗」（Choli，緊身短上衣）和長襯裙。雖然近年來在都市地區的年輕女性也不乏穿牛仔褲和T恤者，但若說至今印度女性大多數仍穿著紗麗，其實也不為過。

紗麗功用多多

紗麗不只美觀，也是非常實用的服飾。雖然這只是筆者的經驗之談，但儘管身處於印度炎熱的陽光下，當身上穿著紗麗，迎著微風吹拂，感覺非常地舒服。此外，如果陽光太過強烈，可以將多出來的布料覆蓋在頭上，沙塵四起時則用來遮蓋口鼻。蓋在肩膀上也能當作

＊**紗麗著裝典禮**
在此之前穿著洋裝的女孩，以迎接初潮的成熟女性之姿，初次穿上紗麗的儀式。

▲穿著紗麗漫步街頭的印度女性。
（攝影／Steve Evans）

披肩，流汗時還能代替毛巾來使用。

在印度，衣櫃和冰箱等家具大多附上鑰匙，管理這些鑰匙是主婦的重要職務，持有家中一大串鑰匙是主婦權限的象徵。要隨身放這串重要鑰匙及金錢、貴重物品等，也是穿紗麗最為合適。

從紗麗的穿著方式獲知身分

印度人的穿著大多數都有其特殊涵義，表示出身、年齡、宗教及種姓。

例如，若是穿著類似紗麗的奶油色或白色加上金色飾邊的服飾，這是來自南印度喀拉拉邦的「孟度」（Mundum Neriyathum）；若是不將前身的布料抓出皺褶，而是合身地纏繞在身上，則可以知道是印度西岸的卡納塔克邦的女性傳統服飾。此外，貧窮階級的女性不會加穿長襯裙，而是直接以紗麗纏繞身上。根據紗麗的穿著方式、顏色和種類，也能獲知該女性的宗派和種姓。

改正筆者紗麗穿著方式的印度阿姨

◀我穿著紗麗漫步街頭時，一位阿姨親切地對我說：「小姐，妳的紗麗穿錯了喔！過來一下，我教妳怎麼穿。」於是阿姨招呼我到她家。基本上，印度婦女都很和善。

▲海德拉巴的紗麗店。
（攝影／Claude Renault）

5-5 印度時尚的美麗祕密

旁遮普裝、印度額貼、指甲花紋身彩繪、耳環……妝點印度女性的流行時尚。

經歷數千年歲月，並受到印度的氣候、風俗與宗教等影響，由此發展演變成洗鍊成熟的印度女性流行時尚。在此介紹包括紗麗在內的印度時尚之美。

旁遮普裝

旁遮普裝（Punjabi Suit）的連身裙（Kameez）與寬鬆長褲（Salwar），和紗麗相比更容易穿脫，其樣式和顏色也和紗麗不相上下，不僅種類繁多，而且可以自行選擇自己喜歡的樣式。這種服飾原本只是錫克教教徒和旁遮普地區的女性在穿著，但後來卻在時髦的印度女性之間流行起來，漸漸地一般人也開始穿著。如果到印度旅行，我十分推薦穿著替換容易的旁遮普裝。

印度額貼

印度女性原本即有裝飾額頭中央的習俗，這是源自於印度教結婚儀式中，女性們會在額頭點上紅色的印記。近年來，印度額貼（Bindi）已被視為一種時尚裝飾而深受大眾喜愛，形狀也不再只是傳統的紅色圓形印記，市面上開始販售起各式各樣材料和顏色的額貼飾品。猶如他國女性在選擇耳環時一樣，印度女性發現喜歡的額貼時，就會將它裝飾在額頭中央，當作時尚般樂在其中。

▶穿脫容易的旁遮普裝。因為有許多樣式和顏色，所以能選購自己喜歡的款式作為平日穿著的服飾。

Tip

近年來，印度掀起空前的美白熱潮！就連徵婚廣告的人像也清楚寫著皮膚是否白皙之類的資訊，甚至成為結婚的決定性關鍵。

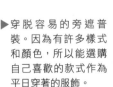

指甲花紋身彩繪

印度人相信，在手掌上繪花樣就能招來好運氣，所以參加結婚儀式和慶典等場合，她們常常在手上加以裝飾。以指甲花（Henna）為原料精心描繪的紋身彩繪（Mehndi），讓人猶如戴上蕾絲手套般優雅美麗。

鼻環與耳環

印度女性從幼年時期開始就會在鼻子或耳朵戴耳環或鼻環。這並不只是為了時髦。一般來說，一歲時開始戴上，在三、五歲等奇數年齡時，舉行儀式進行更換。到了結婚典禮時，再於年幼時即已在鼻翼旁穿好的小洞上放入小顆鑽石，也常見到穿上用金、銀或珍珠等串成的鍊子。印度人相信閃亮的物品能祛除惡魔和厄運，因此女性們從孩童時期就會戴上手環或項鍊、耳環等裝飾品，來保護自己的身體。

指甲花紋身彩繪

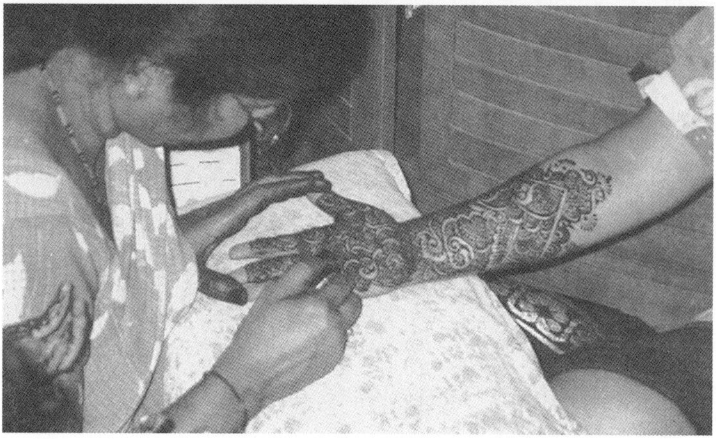

5-6 印度的結婚儀式（特稿・永田麻衣子）

日本女性眼中的印度結婚典禮。

印度的傳統結婚儀式據說大概會持續進行一週，其形式會根據地區和宗派而有所不同。

我參加在西印度的孟買所舉行為期四天的結婚典禮。來自印度全國的親朋好友全都會聚集於此，其中屬於不同部族和相異宗教的人也很多，衣著和語言顯得極為多樣化。女士們那些塞滿行李箱的紗麗會在一天之中替換數次，就猶如好不容易才逮到機會打扮得漂漂亮亮似的。此外，因為從各地前來的女性長輩們並不是以公用的北印度語或英語交談，所以新郎還得充當翻譯。

最令我感到驚訝的是印度的結婚儀式能兼擁寂靜和熱鬧兩種形式。例如，在新娘的娘家舉行祈禱儀式時，屋中焚香輕煙裊裊，祭司模樣的人一邊唱唸著祈禱文，一邊用五顏六色的米做成各式花紋。新娘和她的雙親神情莊重地端坐在前方，新娘的父親雙眼還泛著淚光。這是極為寂靜的景致，令人充滿感動的畫面。但就在此同時，置身周圍和後方的親戚們仍然吵吵鬧鬧地隨意走動，並且大聲交談。孩子們喧嘩著跑來跑去，那群似乎不願輸人的婆婆媽媽們的說話聲也此起彼落。在持續數日的結婚典禮過程中，這樣的場景會一再重演。

▲印度婚禮的情形。

由於在一天之中會舉辦許多節目，會場也每天變換，所以我們這些來賓在一天之內也得隨著移動二至四次。這場從早到晚都極端忙碌的結婚典禮有趣之處無法全部形諸筆墨，我僅介紹印象最深刻的幾個橋段。

玻璃手環

結婚典禮第一天。販賣玻璃手環的店鋪伙計前來新娘家。在印度的結婚典禮中，女性來賓須在身上配戴許多玻璃手環，據說根據與新娘之間的血緣關係遠近，在樣式和顏色上會有所不同。因為玻璃製的手環無法伸縮，要戴上剛好符合手腕大小的手環是一件非常不容易的事。因此印度女性日常生活中便會不時彎彎手背、轉轉手腕，讓雙手較柔軟。身為日本人的我心想戴上手環後一定很痛，但儘管如此，手環戴上後卻顯得寬寬鬆鬆的，毫不貼合手腕。

新人的結婚紀念照

▲永田麻衣子小姐(左)。

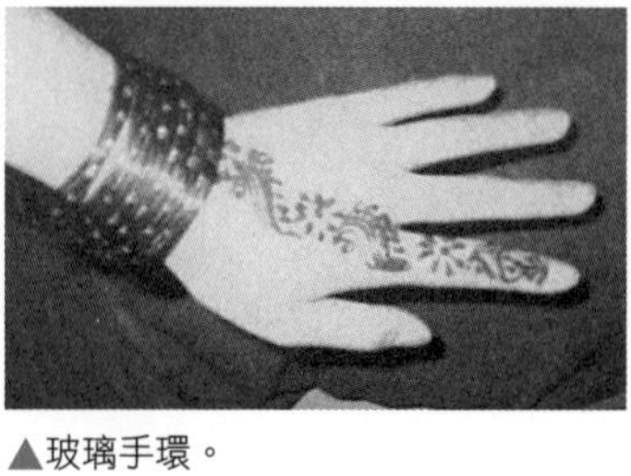

▲玻璃手環。

證明愛情的指甲花紋身彩繪

屋頂上架設起大型的布製帳棚，從第二個夜晚持續到次日早晨，大夥都要在棚中度過。只見眾人跳舞、聊天、吃吃喝喝，熱鬧地過了一夜。

在此同時，年輕女性將指甲花＊搾成泥狀，開始在手掌上精心描繪圖案，然後必須注意維持紋身彩繪直到次日早上都不能脫落。因此當她們要吃飯時，就非得開口請別人幫忙餵食不可。至於新娘，她不僅彩繪手部，連雙腳也彩繪了圖案，所以直到彩繪顏料乾了之前，長時間裡都無法動彈。而且為了讓色彩保持鮮豔，就寢前還要抹上油。隔天早上指甲花顏料脫落，再在塗過顏料處染上橘色。因為這顏色近似紅色，據說是新娘受新郎疼愛的證據。

婚禮瞬間

這是前往新郎家時的情況。祭司以五顏六色的米模仿製作出新娘的模樣。在這裡，新娘為了進入新的家族，所以會捨棄原本的名字，被授予新的名字。在這一瞬間，新娘便正式成為新郎家中的女兒了。當時新娘眼淚盈眶的模樣令人印象深刻。

裝飾玫瑰的喜車

最後一天晚上。眾人目送這對新人搭乘著以玫瑰裝飾的喜車回家，結婚儀

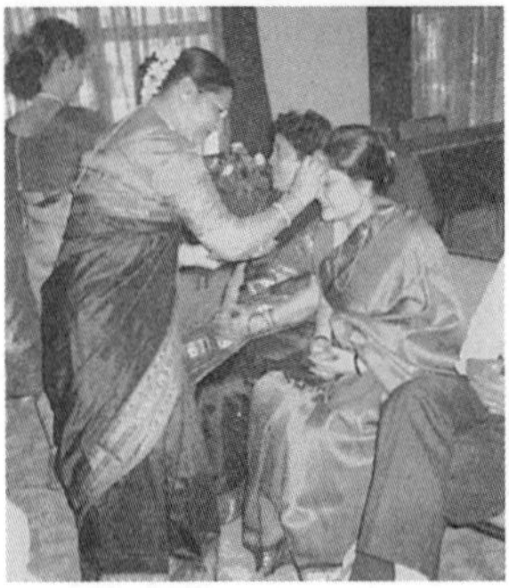

＊指甲花 參見第五章第五節。

式終於結束了。事實上，當我看見這輛喜車的時候，因為覺得有點奇怪，所以不禁笑了出來。在這輛小型轎車的車頂

裝飾玫瑰花的喜車

裝飾了一把小花束，車門、保險桿和車窗等位置則裝飾以玻璃膠帶黏貼固定的紅玫瑰花，由於這些花都是隨意貼上去的，所以即使硬要說客套話，也難以說好看。可能都是幾天前就準備的吧？玫瑰花已經無精打采地垂下來或枯掉了。這時也就能理解，印度果然是一個不太計較而且老把「沒問題！」掛在嘴邊的民族了。

這是一場從開始到結束幾乎都是希哩呼嚕忙著就完成了的結婚典禮。一天之間變換數個場地，典禮中途又是午睡，又是回家……無論儀式或節目都沒有訂定出開始或結束的時間，大家都隨心所欲地參與。過程中，所有的人一起參加的場面幾乎一次也沒有。然而我覺得，這樣才叫作印度。

▲筆者與觀禮來賓合影。

Column

印度女性群像

▲在餐廳裡與我一見如故的親切女士。

▲表現不讓鬚眉的漁婦，沐浴在夕陽下閃閃發亮。

▲從家裡探出頭來對我微笑的女士們。

印度有許多並未活躍於眾人面前的害羞女性，不過這應該是世界共通或人類共通的情況。可是事實上，家庭中握有實權的並非是父親，而是母親。我十分期待，隨著印度經濟發展和社會近代化，這些女性們將慢慢地登上社會舞台。

第6章

印度的歷史與偉人

6-1

印度三千年歷史

印度對戰後的日本有恩?最先將咖哩傳到日本的人是誰?

從印度河文明到歷代王朝興衰，經過英國殖民統治到邁向獨立，以及至今始終看不到結局的印、巴爭端……我以年表和短文一探印度三千年的歷史吧！

■印度兵變

一八五七年由印度傭兵*發起的反英事變，期間殺害了許多英國人，英國殖民政府花費兩年的時間才鎮壓平息。參與這次兵變的不只是軍隊，連印度一般民眾、地方大君、印度教教徒、伊斯蘭教穆斯林等都一起響應。這次兵變也導致英屬東印度公司的統治崩解，在鎮壓完畢後，由英國女王直接統治印度，取代了在此之前一直統治此地的英屬東印度公司，印度設立為英國的一省接受統治。經過這次事件後，印度在名實上都成為英國的殖民地。

■岡倉天心搭起日本與印度間的橋樑

一九〇一年，岡倉天心*前往印度探索東洋美學根源，他和宗教導師維威克南達尊者（Swami Vivekananda）及泰戈爾交流，窮究於洞察藝術、宗教及人類的本質，由此提出「亞洲一體論」，發掘連接中國、印度和日本的美學根源。岡倉天心於印度重新發現新美學，其美術觀對日本美術界產生極大影響。

***印度傭兵**
是指由英屬東印度公司僱用編組而成的印度傭兵軍隊（Sepoy，Sipahi）。

***岡倉天心**

印度的歷史

西元前～15 世紀	
西元前 2500 年	廣大的印度河流域興起印度河文明。
西元前 1500 年	從中亞大草原遷徙來的雅利安人入侵印度半島。
西元前 6 世紀	摩揭陀王國（Magadha）、俱薩羅王國（Kosala）在恆河流域興起。
約西元前 5 世紀	佛教創始者釋迦牟尼誕生。
1 世紀	貴霜王朝（Kushan）興起於犍陀羅（Gandhara）。犍陀羅藝術黃金時期。
4 世紀	笈多王朝（Gupta）統一北印度，到五世紀初期統一全國。
9 世紀	昌德拉王朝（Chandela）興起。
13 世紀	定都德里的伊斯蘭王朝崛起。
15 世紀	達・伽馬到達加爾各答。發現印度航線。
16～20 世紀中	
1526 年	蒙兀兒帝國（Mughal）建國。第三代皇帝阿克巴（Akbar）統一大半印度江山。（第五代皇帝沙賈汗興建泰姬瑪哈陵）
1600 年	英國成立英屬東印度公司。
18 世紀	印度的地方勢力各自割據。
1857 年	印度兵變。
1885 年	印度國民大會黨成立。後來成為印度獨立運動的中心。
1914 年	第一次世界大戰爆發。
1919 年	聖雄甘地開始針對英國採取「非暴力不合作運動」。
1939 年	第二次世界大戰爆發。
獨立	
1947 年	印度與巴基斯坦各自獨立。
1948 年	狂熱派印度教徒暗殺甘地。
1949 年	聯合國調停印、巴兩國的戰爭，並分配喀什米爾的土地。
1950 年	印度共和國成立。第一任總統由普拉薩德擔任；第一任總理為尼赫魯（J. Nehru）。
1961 年	自 1510 年以來均為葡萄牙殖民地的果亞回歸印度。
1965 年	印巴戰爭爆發。
1971 年	東巴基斯坦獨立為孟加拉共和國。
2001 年	印、巴於喀什米爾停戰線交火。
2002 年	印、巴兩國協商停止在喀什米爾的戰爭。
2005 年	印度和巴基斯坦簽署共同聲明。

中村屋的鮑斯與相馬俊子

在日本推廣印度咖哩的第一人，是印度革命家必哈里・鮑斯（Rash Behari Bose）＊。這位革命家生於聖雄甘地躍上世界舞台之前的恐怖時代，一直致力於印度獨立，他曾向印度總督查爾斯・哈丁男爵（Charles Hardinge）投擲炸彈，使男爵身受重傷，事發後他便逃亡到日本。鮑斯藏匿於東京新宿的中村屋，過著地下生活，後來於一九一八年和中村屋老闆的千金相馬俊子結婚。當鮑斯成為中村屋的經營者後，便在中村屋引進「印度咖哩」這道新菜單，因此有所謂「中村屋的咖哩是戀愛與革命的滋味」這一說法。然而由於要緝拿鮑斯而訂定了高額的懸賞金，夫妻倆一直過著躲躲藏藏的婚姻生活。後來追捕者終於逐漸放棄，鮑斯便歸化為日本籍，並於遠東地區指導印度的獨立運動，也曾擔任印度獨立聯盟的總裁。鮑斯有幸遇到相馬俊子一路相伴，但勞心勞力的她卻在不久後罹患了肺病，一九二五年，還在二十六歲青春年華的俊子離開人世。鮑斯則於一九四五年一月去世。雖然鮑斯生前無法親眼目睹母國印度獨立，但是由他引進到日本的咖哩，直到今天都在日本廣受歡迎。

拯救日本的帕爾法官

第二次世界大戰在日本投降後隨之結束，一九四六年為審理戰犯而召開遠東國際軍事法庭，國際法學者拉達賓諾德・帕爾（Radha Binod Pal）法官以印度代表的身分參與。擁有國際名聲的帕爾認為這場審判是在法律層面上的欺瞞行為，說它是一場戰勝國對戰敗國的復仇戲碼也不為過的不公平審判，在遠東國際軍事法庭中，他是唯一一位主張全體被告均無罪的法官。如今這項主張已經成為全球國際法學會的主流，也是印

＊必哈里・鮑斯

度獨立後對日本的外交基本方針。帕爾認為：「戰勝國可以施予戰敗國憐憫，甚至是仇恨，但勝者唯一無法給予敗者的便是『正義』。」帕爾的論點不但鼓舞了日本國民，而且他日後也以聯合國的國際法委員長的職務活躍於世，更多次前往日本進行訪問，激勵日本國民。雖然不是廣為人知，但也可以說印度是解救戰後日本的恩人。

遭處刑的印度兵變參與者

印度獨立之父——聖雄甘地

以非暴力的不合作運動來抵抗，從英國統治下解放印度人民的世紀偉人。

本名莫罕達斯・卡拉姆昌德・甘地（Mohandas Karamchand Gandhi），而「聖雄」則寓意偉大的靈魂，是一種尊敬的象徵，所以稱之為「聖雄甘地」。

甘地的成長過程

甘地出生於現在的古吉拉特邦，這是印度境內一處風氣保守且印度教色彩濃厚的地區。在禁酒、禁肉食且嚴格而勤勉的雙親養育之下，對甘地日後的規範和道德有極大的影響。

甘地年僅十三歲時，就與同齡的嘉斯杜白結婚。奉命和雙親決定的對象結婚，是印度自古以來的習俗，但日後這樁婚姻卻被甘地視為悲劇。由於甘地如此年輕即進入婚姻，被欲望俘虜的他也曾表示，自己因此而未見到父親的最後一面。

甘地的思想成形是在其父親去世之後，起自於為了成為律師而前往英國留學。他在飲食及文化迥異家鄉的英國飽嚐艱辛，但藉由廣泛閱讀印度的聖典及西洋新文學等各式書籍，確立了自身的思考模式。接下來，甘地一度曾經返回印度，但當他聽聞到南非的印度移民飽受摧殘的消息後，為了擁護印度移民，於是他前往南非，進行不合作運動。甘地以此為契機，逐漸掌握了如何改變印

▲甘地。

▲印度出版與甘地相關的書籍。

度殖民地現況的對抗方式，開始為了印度的自治和人權而挑戰。這期間他奠定了日後行動的理論基礎，包括進行自我禁欲、性欲自制的「禁欲主義」，不殺生、博愛精神的「非暴力」，以及為了不使用暴力求得人類權利而嚴格控制自我的「堅持真理」等理論。

非暴力不合作運動

甘地從南非回國後，與尼赫魯及錢德拉・鮑斯（Subhas Chandra Bose）等人一起參與印度國民大會黨，正式開始進行政治活動。

甘地身著簡單的服飾，打赤腳，搭乘三等車廂或是徒步行走巡迴全國，倡導「非暴力不合作運動」。此外，為了解放印度經濟，甘地倡行拒買外國製布料並公開焚燒英國布，獎勵印度傳統手工藝「恰卡拉」（Chakra，手工紡織），推動印度國內產業復興。「恰卡拉」作為印度自立的象徵，因此甘地以身作則親自操作紡織機，並走遍印度各地和所有人民一起進行社會活動，因此甘地的思想與行動都能獲得人們接受，與印度獨立運動緊密結合。

甘地還發動「食鹽長征」來抗議英國的鹽稅法，他站在綿延三六〇公里的遊行隊伍前頭，進行絕食、罷工等非武裝的抵抗運動。甘地曾經數次遭逮捕，並監禁了七年之久。一九四四年當他還在獄中時，與他共同度過人生的妻子去世。後來甘地無可奈何地經歷了印度和巴基斯坦各自獨立。一九四八年，他前往參加德里的一場晚餐祈禱會，途中不幸遭狂熱的印度教青年槍殺。據說他的最後遺言是：「喔！神啊！」甘地去世後，他的思想和行動不只在印度繼續流傳，也啟發了越南等國的獨立革命，給予世界極大的影響。

沒有理念的政治	Politics without Principle
沒有勞動的財富	Wealth without Work
沒有良心的快樂	Pleasure without Conscience
沒有人格的學識	Knowledge without Character
沒有道德的商業	Commerce without Morality
沒有人性的科學	Science without Humanity
沒有奉獻的信仰	Worship without Sacrifice

▲刻在拉迦河壇（Raj Ghat）上的甘地碑文「七種社會之罪」（Seven Social Sins）

貧民窟的聖女——德蕾莎修女的一生

「貧困的人最需要的不是憐憫，而是愛。」

德蕾莎修女在加爾各答的貧民窟持續不斷地幫助人們，她克服重重苦難服務貧困者的精神，感動全世界的人，至今仍持續活在許多人的心中。

■德蕾莎修女的成長過程

一九一〇年，德蕾莎修女在現今東歐的馬其頓共和國誕生，本名為艾格尼斯・剛察・博加丘（Agnes Gonxha Bojaxhiu）。她在虔誠羅馬公教教徒的雙親養育下長大，從幼年開始每次見到貧窮的人便會心痛，是一位常向天主祈求和平的溫柔少女。這份感覺隨著成長而日漸擴大，當她十七歲時，便決定加入羅瑞托修女會（Sisters of Loreto），開始步上傳教者的道路。

一九二八年，艾格尼斯前往印度大吉嶺進行為期兩年的修行，成為修女會的正式會員，並被授與「德蕾莎」這個正式的受洗名。後來她在加爾各答的高中擔任地理教師，也接過校長的職務。但是德蕾莎修女這樣度過十年歲月後，仍然為學校之外廣大的加爾各答貧民窟而持續感到心痛，她一直煩惱地思考著自己到底能夠做些什麼。然後，她終於清楚知道自己真正的任務並不是對富裕家庭的孩子，而是加爾各答街道上眾多貧困的人們。於是她下定決心離開了學校，只要花五盧比便能在貧民窟中居住下來。

在貧民窟中，德蕾莎修女第一件要進行的事，是為孩子們設立一所露天學校。她又趁著空閒之時，對倒在路邊的人們伸出援手，並以托缽募得的金錢為貧困的人們治病。在這裡受教育的孩子親眼目睹德蕾莎修女在貧民窟中努力工作，受到她的感召，漸漸地都尊稱她為「姆姆」（對年長修女的尊稱），並且共同參與活動。之後，此地聚集了許多修女，於是在加爾各答設立了以「為窮人中最窮的人服務」為精神主旨的「仁愛傳教修女會」（Missionaries of Charity）。

德蕾莎修女與垂死之家

德蕾莎修女設立了修女會之後，開始念及那些在加爾各答路邊出生、以乞食為生，最終在路邊有如垃圾般死去的

垂死之家

人們。因為想要讓這些人至少在去世之前能過著有人類尊嚴的生活，所以她又設立了「垂死之家」＊。德蕾莎修女在此幫助路邊瀕死之人，不但照護著他們，握著他們的手直至臨終，還依照他們的宗教信仰為其弔唁。她也為孤兒、痲瘋病患、殘障者以及女性和弱者等受苦受難的人們創設照護設施。就如同德蕾莎修女所說的：「貧困的人想要的不是食物、金錢或憐憫，而是人們的愛。」她自己不僅提供這些人食糧和物品，也不斷地給予貧困者滿滿的愛。

德蕾莎修女於一九七九年獲頒諾貝爾和平獎，但她說：「我不如大家所認為的那樣值得獲得這座諾貝爾和平獎，但我代替那些被所有人遺棄、渴望被愛以及瀕臨死亡等等這世上最貧窮的人們，接受這個獎項。」這段話深深打動全世界許多人的心。當德蕾莎修女前往日本，看到日本的流浪漢時，不禁悲嘆：「為何周遭的人要棄他們於不顧呢？」她曾說過，最大的罪惡不在於憎恨，而在於漠不關心。

傾其一生給予貧窮人們愛的德蕾莎修女，於一九九七年九月五日在加爾各答走完她的一生。但至今在德蕾莎修女所創立的設施中，仍然有許多修女在為貧困的人們盡一份心力，同時也聚集來自全世界的志願義工＊。德蕾莎修女的理念，將在他們心中永遠長存。

美國前總統雷根與德蕾莎修女

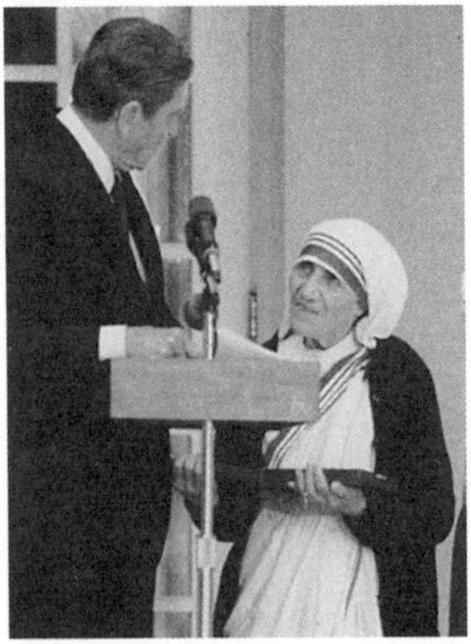

＊垂死之家
位於加爾各答的德蕾莎修女之家是能進行義工活動的設施。包括：
・孤兒之家（Shushu Bhavan）
・慢性病患之家（Prem Dan）
・女性與精神異常者之家（Shanti Dan）
・垂死之家（Nirmal Hriday）

＊聚集來自全世界的志願義工
在德蕾莎修女之家的義工體驗記，參見第八十八頁和第一七四頁。

Column

德蕾莎修女嘉言錄

以下介紹德蕾莎修女眾多名言錦句的一部分。

- 貧困的人最需要的不是憐憫，而是愛。
- 什麼都不做也沒關係，只要知道在那裡還有人在受苦就行了。
- 你只要稍稍微笑就行了。為盲人讀報時，曾看到他們歡喜的容顏；為重病的母親購物時，也曾看到她們歡喜的容顏。即使是小事都好，愛就會自此展開。
- 和平自笑容開始。請一天五次對著不會對你微笑的人衷心展開笑顏，這一切都是為了和平而做。
- 健康的人、有錢人，什麼樣的謊言都說得出來。飢餓的人、貧窮的人，在緊握的雙手和凝視的眼神中，就包含了千言萬語。
- 有人問：「到底什麼時候貧困的人們的貧困才會停止呢？」我回答：「等到你我都開始分享之時。」如果要得更少，就能給得更多；如果要得更多，就只能給得更少。
- 在貧困的人之中，耶穌基督以自身的姿態幫助最貧困的人。
- 最悲慘的事既不是飢餓也不是生病，而是自己被所有的人遺棄的那種感覺。
- 貧窮的人們給我們的，比起我們給他們的多得多。
- 將剩下的東西給窮人，並不是尊重他們尊嚴的行為，這只能說是一種不把貧困者當作我們的主人的行為，是看輕他們的行為。
- 不夠請繼續給予。但是，請不要給予剩下的東西。請繼續給予直到自己感到痛苦、直到自己受傷為止。

活躍的印度女律師（現場採訪）

水與保特瓶——印度目前所面臨的嚴重環境問題。

這是一位非常難約的採訪對象。我打了數次電話詢問，對方都因為工作忙碌而分身乏術，但是終於約定了會面的日期。

這位女士的姓名是諾瑪・奧維瑞許（Norma Alvares），她不但是「The other of India Bookstore」這家書店的經營者，同時也是一位律師，亦是果亞的環境保護活動和動物保護活動的領導人物。我漫步於複雜的街道，然後進入一棟小小的大樓內，來到這間小小的書店和這位女士的辦公室。眼前是大大的桌子和直抵天花板的書櫃。面對這位女士像是不允許甜言蜜語似的嚴厲表情，令筆者難掩緊張，但是一旦開始談話後，這位印度女性卻很罕見地侃侃而談，我也入迷地聽著她談及印度嚴苛的環境問題及社會問題。

筆者：果亞觀光化後，是否出現任何變化？

奧維瑞許女士：觀光對於果亞來說是很可觀的收益來源，但同時也衍生出極大的「水資源」問題。在此地邁向觀光化之前，居住在果亞沿海地區的人們完全不曾為水源的問題所苦；但自從此地興建五星級大飯店開始，人們便一直

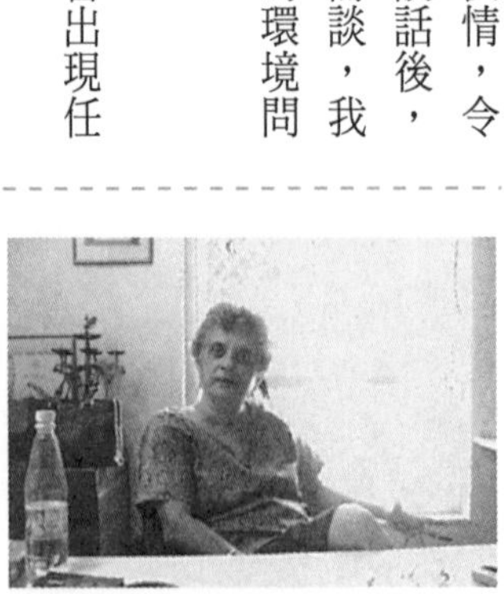

▲諾瑪・奧維瑞許女士。

＊**陪嫁金制度**
請參照第五章第三節。

煩惱於水源不足的問題。海水和淡水有密切的關係。當地人都在自己的住宅屋頂裝設集水槽，但是諸如上廁所、洗澡等用水，觀光客卻比當地人耗用了更多水資源，如此一來便形成了很大的問題。此外，由於水源枯竭的情況層出不窮，這樣一來，當地人上完廁所也會變得無法沖水。觀光客使用的水量，尤其是在大飯店等場所，對於果亞來說已經造成了很大的問題。

此外，以前是將飲料裝在玻璃瓶中飲用，但是由於觀光浪潮興起，保特瓶也日漸普及。解決這項垃圾問題，對於我們來說也是一項重大課題。

道路與水庫等建設工程的悲劇

筆者：您擔任律師是處理哪一類的案件？

奧維瑞許女士：主要是女性和孩童的人權問題，以及動物保護相關工作。由於直到一九六一年以前，果亞都是葡萄牙的殖民地，因此在印度之中就形成了一種特別的社會型態。在印度，比起國或邦的法律，宗教的戒律才是群眾之間一項極為重要的絕對性存在；但果亞因為是由葡萄牙所統治，所以在本地，並非是宗教，而是國與邦的法律才是絕對準則。例如，在伊斯蘭教和印度教之中，很遺憾的是有諸如陪嫁金制度*這種使女性地位顯得非常低落的制度。但是在果亞，女性和男性擁有平等地位，所以不但女性的自我主張能被認可，離婚的時候也可以得到財產的一半，女性的就業率也很高，因此果亞不能不說是印度國內男女平等的一個地區。

動物保護的案件是指諸如對於狗或貓的虐待，前幾天就有這樣的事發生。在鎮上，人們聚集在一起，中間有兩隻狗，他們正在鬥狗，利用兩隻狗哪一個獲勝來賭博。因為狗不想互相攻擊，所以可能會想要逃走吧！這個時候，狗的主人便用鞭子鞭打狗，要強迫狗繼續攻擊。後來有人通報這件事，而這些鬥狗的人也被告上法庭。這個案件不是只有我負責仲裁，附近的保護動物相關單位也擔任裁判的工作。在這裡，真的有很多讓自己也嚇一跳的事情發生，實在讓人手忙腳亂呢！

筆者：您認為印度目前面臨的課題是什麼？

奧維瑞許女士：應該是「水資源」的問題吧！由於經濟發展，富裕的人變得更富裕，但貧窮的人也變得更貧窮。為了修築大馬路和水庫等建設，貧窮的人們甚至失去自己住了幾十年的土地。舉例來說，如果一個人的職業是老師，即使他遷移到別的地方，也許仍然可以繼續他的工作；但是，以這塊土地的田地和泥土維生的農民，被奪取了土地，即使給予他其他的土地，又能夠做些什麼呢？當初這些農民就是因為這裡有水井、有樹木、有綠蔭、有小路、有家，適合人居住，所以才會定居在這裡。如今因為政府的一句話就進行建築工程，但在這背後卻隱藏著許多人的悲劇。

給所有人選擇的自由……

筆者：您認為貧窮將會從印度消失嗎？

奧維瑞許女士：我不知道！但我希望這個願望能夠實現。這麼說好了，事實上，一直到幾年前為止，熱衷於建設的中國持續從果亞進口礦產，但是為了開採這些礦產，卻使得空氣嚴重汙染，於是人們向政府抗議，終於成功地阻止印度出口礦產至中國。一般來說，政府並不會保護窮人，但有時卻也會有例外的時候。像這樣的事情如果能增加，貧困階層不也就可以慢慢地減少了嗎？

▲果亞的海灘。

筆者：可否談談您的夢想？

奧維瑞許女士：致力於創造一個每人都可以做自己想做的事情、可以依照自己想要的方式生活的社會，這就是我的夢想。正因為如此，現在我不斷地戰鬥、守護以及持續地活動。

開始經營書店是在奧維瑞許女士還任職大學教授時，因為她深深覺得書本可以連結人們和這個世界，所以才會開設這家書店。在書店裡，從印度的傳統文化到野生動物、經濟、農業，到世界的地理和歷史、文化等，根據奧維瑞許女士的邏輯被挑選出的各式各樣書籍，都排放在這個狹小的空間裡。緊接在筆者的採訪之後，馬上就有下一位等待的訪客。她精力旺盛地工作著，這是一次充滿勇氣和神采奕奕的訪談。為了能夠實現更美好的印度社會，想必奧維瑞許女士至今都在努力地奮戰著！

奧維瑞許女士經營的「The other of India Bookstore」

Column
甘地嘉言錄

愛因斯坦曾這樣評論甘地：「後代子孫很難相信，這世界上曾經有過這樣一位血肉之軀。」現在就來介紹甘地說過的名言錦句。

- 有愛的地方生生不息，有恨的地方死氣沉沉。
- 滿足在努力中，而不在結果裡。
- 膽小者絕對無法成為一位有道德的人。
- 直率意志的差異是顯示進步的健全跡象。
- 非暴力是賦予人類的最大武器，比人類所發明的任何最強的武器都更強而有力。
- 力量並非來自於肉體的能力，而是從不屈不撓的意志中湧現。
- 能忍耐無窮的犧牲，國家才會繁榮。
- 非暴力運動是對於無意識作惡的一種抗議。
- 愛是這個世界上最有效果的力量，但卻是最謙虛的。
- 忘記耕種土地就表示忘記了自我。

甘地長眠的拉迦河壇（墓地）上揭示著甘地留下的話語。

My life is my message.

第7章

美味的印度料理

7-1

「香料王國」印度

印度的咖哩就像日本的醬油一樣？

說到印度料理，大多數人的腦海中立刻就會浮現辛辣的「咖哩」，事實上，正統的咖哩和我們所想像的咖哩不同，並非所有種類都辛辣嗆口。

■香料王國

印度料理是混合了咖哩葉（Curry Leaf）、芫荽（Coriander，香菜）、羅望子（Tamarind，酸豆）、紅辣椒（Chili）、芝麻（Sesame）等各式各樣的辛香料和香草烹調而成。北印度語稱呼香料為「瑪撒拉」（Masala），直接採用種子、果實、葉、根部、花朵等部位，或使用研磨成的粉末，運用的方式十分多樣化。堪稱為印度料理命脈的香料據說多達數十種，哪一種香料要如何處理，便是廚師們的拿手好戲了。總之，就像日本料理絕少不了醬油調味，印度各種料理也都要使用香料來烹調。這種加足了香料的料理，我們大概都統稱為「咖哩」。

印度的香料店

▲撒上芝麻的印度烤餅「楠」。
（攝影／Hajime Nakano）

▲印度烤餅「恰巴帝」。

因地而異的印度料理

・塔哩和米爾斯

印度定食在北方稱呼為「塔哩」（Thali），在南方則稱為「米爾斯」（Meals）。大鐵盤盛著咖哩、米飯、燉豆和優格等為一套，是餐廳裡必備的菜單。新臺幣七元一盤就可吃得很飽。

以麵食為主的北印度

・「楠」和「恰巴帝」

這是用麵粉和水做成麵糰再烤成的餅。烤熟後熱熱地沾奶油吃也很美味。經發酵再烤的「楠」（Naan）比不發酵就烤的「恰巴帝」（Chapati）來得高級。

以米食為主的南印度

・添加印度奶油的印式米飯

加入牛的脂肪做成的「印度奶油」（Ghee）拌成的黃色印式米飯（Steam Rice），帶點兒油香滋味，美味可口。

塔哩和米爾斯

▲北方的塔哩。

▶南方的米爾斯。

・咖哩魚

咖哩魚（Macher Jhol）是印度的魚類咖哩料理中的代表。包括鰆魚、鯧魚與鯖魚等，材料多變。這是以加爾各答為中心的孟加拉地區常食用的佳餚。

▲咖哩魚。

・唐多里烤雞

唐多里烤雞（Tandoori Chicken）是將用優格和香料醃漬的全雞或半雞放進稱為「唐多里」的窯燒烤的豪邁料理，有號稱「印度料理之王」的特別滋味。

▲唐多里烤雞。

Tip 在印度，以英語稱火雞為「turkey」，也就是「土耳其」（Turkey）的意思；但在土耳其，火雞卻稱為「hindi」，也就是「印度」的意思。

▲咖哩羊肉（Lamb Curry）。

・印度煎餅

南印度美食「印度煎餅」，如今全國都吃得到。包括加了炒香料馬鈴薯的咖哩馬鈴薯煎餅（Masala Dosai）、無餡料的米餅（Plain Dosai），以及酥脆的印度胡椒餅（Paper Dosai）等，種類豐富。

▲咖哩馬鈴薯煎餅。

・蔬菜咖哩

蔬菜咖哩（Vegetable Curry）源起於蔬菜產量大的南印度，是一道混合了白花椰菜、紅蘿蔔和洋蔥等多樣蔬菜的咖哩料理。當然如今在北印度也吃得到。

▲蔬菜咖哩。

7-2 不吃牛肉的印度教教徒與不吃豬肉的伊斯蘭教教徒

印度料理與宗教、種姓制度和季節等都有極大的關聯。

在印度，從「飲食」這一行為本身，就能表現出其人的出身、教育、種姓和宗教等一切。

受宗教和文化影響的飲食

印度六成以上的人為印度教教徒，其中存在許多素食主義者，並且禁止食用被視若神明的牛。相反地，伊斯蘭教教徒則禁止食用豬肉，至於基督徒較無飲食上的相關禁忌。筆者居住於加爾各答時，在印度教教徒居住的地區，絕對不會看見販賣牛隻，但一踏進伊斯蘭教教徒居住的地區，就會因為看到血淋淋的牛肉塊在路邊販賣而心驚膽跳。

豆仁濃湯

▲南印度有許多素食者，這是因為當地居民多為傳統的印度教教徒，或是嚴格遵守素食主義的耆那教教徒。包括加了豆子的豆仁濃湯（Dhal Soup）和加了滿滿胡椒的香料湯（Rasam）等，印度有很豐富的素食料理。

▶位於伊斯蘭教區域的牛肉鋪。

與季節、風俗與種姓相關的印度料理

五月是印度芒果盛產的季節，街道上到處可見販賣芒果、芒果汁、芒果酸奶昔（Lassi）的店鋪。夏天期間為了防止中暑，印度人會喝一種特製飲料，是以熱水燙過的青芒果加上新鮮薄荷葉及小茴香籽、岩鹽、胡椒、砂糖等調味料，加水稀釋後飲用。印度料理中包含了許多生活智慧。

路邊的水果攤

▲優格和牛奶、水果等原本是婆羅門階級享用的食物。如今水果是一般人喜愛的食品，在路邊就可以輕鬆買來食用。

家庭料理

▲許多印度人都表示，媽媽煮的家庭料理比所有印度餐廳的菜都更美味。印度的飲食限制極繁複，家庭料理則最令人安心，這也是受歡迎的理由之一。

7-3 靈活運用指頭的印度料理

印度的餐盤從不鏽鋼到香蕉葉都有。

雖然在高級餐廳或上流階級家庭進餐只使用湯匙和叉子，但一般來說，在印度是使用右手來取食。

右手取食的印度作風

只用右手就能很流暢地混合咖哩和米飯然後放入口中，印度人這種靈巧的用餐方式，想必讓許多人大感佩服吧！在北印度主要只使用手指，在南印度則會運用到整個手掌。此外，在北印度是用不鏽鋼製的盤子來盛裝，但南印度則是使用諸如香蕉葉等工具當作餐盤。從吃飯的方式和裝食物的餐具就可看出地方特色。

至於被視為不潔的左手，用餐時必須擺放桌子下，絕不能用來取食。雖然一開始我對這種情況感到不可思議，但實際在印度生活後，因為如廁*時都是使用左手清潔，所以即使是身為日本人的我，在吃東西時也不會使用左手，只使用右手就變成再自然也不過的事了。

以右手的手指來感覺食物的溫度和柔軟感，這般使用觸覺來享受飲食也是印度料理的樂趣之一。

▲南印度美食以香蕉葉當作餐盤，葉子上放了咖哩和米飯。

Tip 在印度，一般都會尊重別人用餐，即使有其他事情，也不會打擾正在吃東西的人。

***如廁** 關於印度的廁所，參見第一八五頁。

***盧比** 印度的貨幣單位。一盧比約等於新臺幣〇．八二元（二〇〇八年一月）。

平民飯館

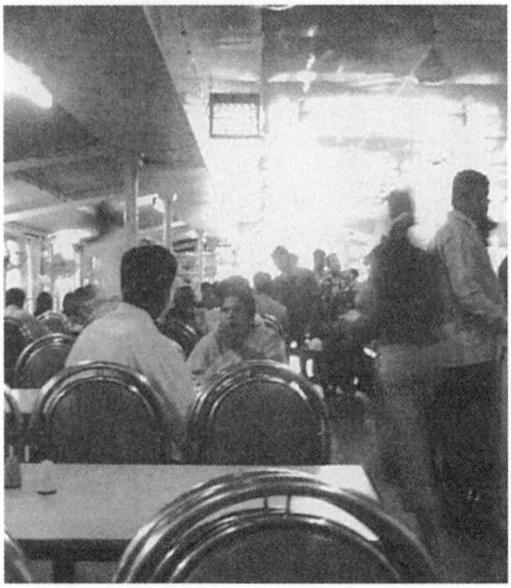

▲街頭的飯館販賣著本章第一節所介紹的「塔哩」和「米爾斯」，不但便宜，美味程度也不輸高級餐廳的菜。此外，詢問同桌吃飯的印度人關於吃飯方式，他們都很樂意教導，這樣一來，用餐一定開心有趣。價格大概在 30 盧比到 150 盧比左右。

印度的高級餐廳

▲不僅餐具和裝潢豪華，其中不少餐廳還有西塔琴和甘查爾（Ghazl）等現場音樂表演。但是用餐價格可絲毫不平民化，這點要特別注意！價格大約從 1000 盧比*到 5000 盧比。一杯威士忌也要價約 800 盧比。

平民飯館的店員

高級餐廳的高級餐點

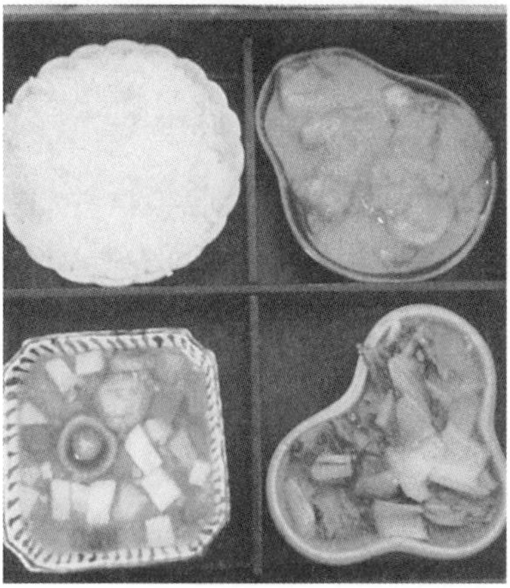

7-4

路邊就能享用的小吃與甜點

印度處處有好吃的路邊攤。

無論在車站前或街角，漫步於印度各地，放眼可見販賣印度小吃的攤販。印度膨餅（Puri）、印度煎餅、甜點等，都是能輕鬆享受又美味的印度料理。

愛吃甜食的印度人

雖然印度料理給人很強烈的嗆辣印象，但事實上，印度人非常喜歡甜食。連愛吃甜食的日本人一吃到用大量糖水醃漬的印度甜點，也會驚訝於那種過甜的滋味。在都市地區雖然有漢堡等速食店，但儘管如此，上班族們一到了休息時間，還是喜歡一面站在路邊攤用餐，一面享受聊天的樂趣。

裝飾美觀的印度特有甜點

串燒

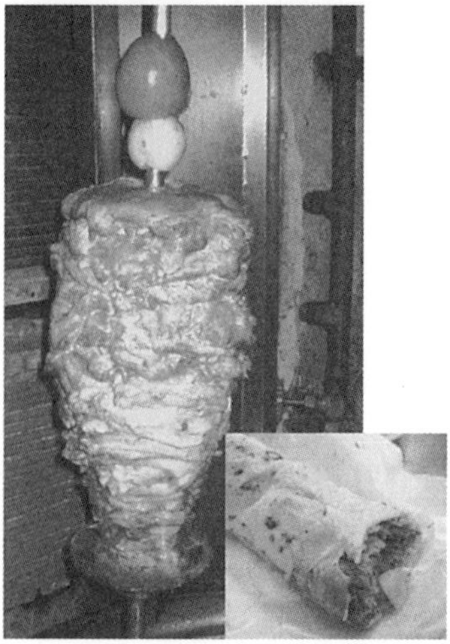

▲如果看見路邊有裊裊升起的煙霧，那裡很可能就會有人們聚在一起狼吞虎嚥著串燒（Shish Kebab）。單價約40 盧比。（左）
薄薄的外皮包裹著滿滿的牛肉，沾辣醬吃更增添美味。（右）

印度咖哩角

◀路邊攤販賣的印度咖哩角（Samosas）。

▼咖哩角是印度具代表性的零食，以生麵糰包著馬鈴薯和絞肉油炸而成。

加了大麻的蛋包？

▲在印度，大麻（麻藥的一種）是一種經常被販賣的物品，特別是男性走在路上時，常有人上前兜售。有時在平民活動的地區會公開販賣「加了大麻的蛋包」（這是違法的，請各位不要吃）。

印度奶酪和鷹嘴豆丸

▲印度奶酪（Burfi）是一種熬煮牛奶並加入砂糖後凝固的甜點，或是混合椰奶或薑，味道和種類十分多樣。鷹嘴豆丸是南印度邁索爾地方的名產，它是一種以鷹嘴豆粉作成的甜點。

7-5 啜飲一杯幸福吧！印度的茶

令人迷戀的美味印度飲料。

在印度，包括印度奶茶、印度酸奶昔、紅茶和新鮮果汁等，有許多符合風俗及氣候的飲料。

■隱藏在印度奶茶裡的印度深度

印度人對於飲料的執著，一如他們對於香料，無法一語道盡。一小杯印度奶茶之中也隱含著印度的深度。

印度奶茶是熬煮茶葉和牛奶並加入足量砂糖調製而成。但它卻又不只是一般奶茶，根據調製者和地區，加入的香料量也各有差異。第一次喝的時候，因為味道很甜，即使喝一杯也難以入口，但當身體習慣了印度的氣溫和風俗後，漸漸地印度奶茶的香甜會在體內擴散，不可思議地感受到其中絕妙的滋味。

在街角的茶鋪點一杯印度奶茶，自己喝了一半，其餘分給路邊的孩子和窮人們喝。天氣寒冷時，喝一杯印度奶茶可以讓身體暖呼呼；天氣炎熱時，喝一杯印度奶茶則讓人汗流浹背。即使身處街頭的喧囂中，喝一口印度奶茶，身心也能不可思議地恢復平靜。為什麼這份滋味像是要引誘我前往哪個冥想的世界呢？晨起後喝一杯，工作空檔喝一杯，吃飽飯喝一杯，等公車時喝一杯，就寢前再喝一杯，印度人就是這種一天喝好幾次茶、超級愛喝茶的民族。

▲印度奶茶。價格約 2 盧比到 10 盧比。

▲西瓜汁。

印度酸奶昔

▲以優酪乳打出泡泡作成的印度酸奶昔（Lassi）。「那家的印度酸奶昔非常好喝，一定要去喝喔！」在印度常聽到這樣的說法，可見這種飲料深受眾人喜愛。價格從 20 盧比到 50 盧比。

賣印度奶茶

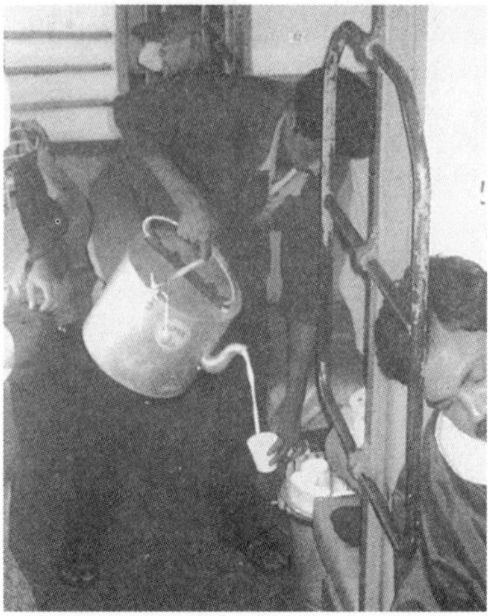

▲電車中的印度奶茶鋪。販賣者在電車內以獨特的聲音叫賣著「Chai～Chai～」。

紅茶

▲東北印度阿薩姆平原的阿薩姆紅茶、喜馬拉雅山脈大吉嶺的大吉嶺紅茶、南印度尼爾吉利高原（Nilgiri）的尼爾吉利紅茶，是印度的三大紅茶。價格從 5 盧比到 50 盧比。

街頭果汁鋪

▲大熱天一口氣喝完現搾的新鮮果汁是最棒的享受。芒果與柳橙果汁、檸檬與甘蔗果汁等最常見。價格從 10 盧比到 30 盧比。

7-6

在印度奮鬥的日本廚師（現場採訪）

曾獲得「World of India」獎賞的榮譽！印度的高級日本料理餐廳正受到矚目。

在印度最高級大飯店裡的日式餐廳中擔任主廚的日本人廚師。

■世界最高舞台

「WASABI by morimoto」是印度五星級泰姬瑪哈飯店（Taj Mahal Hotel）的日式餐廳。二〇〇五年，此餐廳獲頒象徵印度最頂級餐廳的「World of India」的獎項。擔任主廚的是日本人廚師比佐繁文先生。在印度這個無論衛生層面、食材或語言等大環境都迥異日本之地，比佐先生的料理仍深深吸引了來自世界各地的人們。在這份美味之中，到底隱藏了多少的努力與不安呢？

站在壽司吧台裡的廚師比佐先生，表情嚴肅地將刀刃劃入魚身，並以精細的手指動作來握捏壽司。我才在心裡想著，他忽然看了一眼大廳，接著馬上聽見他以北印度語對著服務生交代指示幾句後，便朝廚房走去。數分鐘後，比佐先生又回到壽司吧台，對著坐在吧台前的客人一一點頭示意，又以英語慎重其事地打招呼，然後再度靜靜地握著菜刀繼續先前的作業。

由活躍於紐約的餐廳業者森本先生拓展業務而開幕的印度第一家高級日本料理餐廳「WASABI by morimoto」，主廚比佐先生則大約是在一年前來此服

▲WASABI by morimoto 餐廳。

務。據比佐先生的說法，當他初來乍到時，無論英語或北印度語都完全不通，但看著他現在堂堂而立的身影，很難讓人不感受到這位活躍在世界最高舞台的頂尖名廚的光環。

挑戰處女地

累積在東京高級飯店十年服務經歷的比佐先生，在全世界為數眾多的選項中，為何會選擇來印度這個國家呢？對於我這個問題，他表示一來是因為此地較優渥的僱用條件，二來自己也有心想要挑戰印度這塊未開發的處女地。話雖如此，當他實際來到此地一看，才發現這裡等待著他的是比想像中還要嚴苛的現實。充滿力量的印度料理與纖細的日本料理，對於料理的思考方式剛好完全相反。例如，以日本料理手法烹調乾燒鯛魚時，酒、水、味霖、薑、砂糖和醬油等諸多佐料必須按照順序在適當的時

手握菜刀站在壽司吧台的比佐先生

間點陸續加入；但是印度人的烹調方式則是將調味料一股腦兒同時加進去。因為印度人的記憶力很強，可以很驚人地記住調味料的種類和使用量等複雜的食譜內容，但是他們卻無法理解日本食物的精髓所在。「印度人雖然總是滿口說著沒問題，但其實這才是最大的問題，我老是在廚房裡發脾氣呢！」（笑）他表示，要如何正確傳達日本飲食的纖細與深奧，這才是讓印度人了解日本食物必須面對的最大課題。

首先確保用水

「首先必須確保用水不虞匱乏，這點最為重要。」當我更深入地詢問有時也會前往印度地方城鎮烹調日本料理的比佐先生，在飯店以外的場所烹調料理時最傷腦筋的事情是什麼，比佐先生馬上給了這樣的回答。他表示，像是扭開水龍頭就會有水流出來這種看似再理所當然不過的事情，在印度可一點都不理所當然！所以當他出差時，首先便得進行確保用水的工作。如果該場所的水龍頭無法穩定供水，他就得到附近的飯店和餐廳取水；萬一這樣也行不通，就必須利用街坊路邊的泵浦式水龍頭汲水。將汲取到的水分成烹調用水、洗手水及洗碗水等數桶，然後才終於能夠開始著手進行烹調。「全部都難以依照計畫行事。在印度，預先安排和計劃的事情常會被搞得一團混亂。」雖然這是令人傷透腦筋的情況，但比佐主廚還是一副沒什麼大不了的態度繼續談笑風生。

只有自己的身體當作武器

比佐先生前一陣子出差的任務，是要在短短兩天內就必須一人烹調出三百人份的餐點。這明明是一份非常複雜的工作，但當地的廚房卻只有破了洞的鍋子。由於實在沒有其他辦法，比佐先生

WASABI by morimoto 的當日主廚招牌餐點

●**使用豆腐烹調的前菜**

為素食者設計的一道料理。在清蒸豆腐上方擺放炸茄子和白蘆筍。針對蔬菜和豆腐這樣的食材組合，使用味美的芝麻和柚子胡椒兩種醬汁調味。

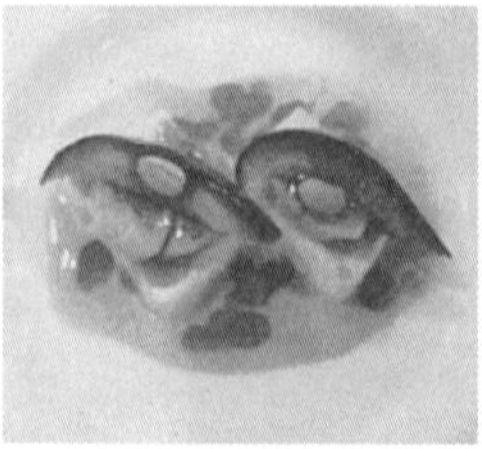

●**烤鴨**

在深受宗教影響的印度，肉類料理以鳥類為大宗。運用日本自豪於世的照燒醬，其中混合了巴薩米克醋（Aceto Balsamico）和芥末子醬（Pommery Mustard），便成了一道帶有酸味的主菜。

只得臨時做了八臺當作蒸爐和瓦斯爐的爐灶，並利用這些爐灶煮菜的時間空檔來炊煮十五公斤的米。

當然，用盡心思也得到了應有的效果，客人十分盡興，宴會終於成功地結束了。比佐先生還遭遇到其他問題，例如經常發生商家交付的食材和原本訂購的不同，即使訂購了指定尺寸和種類的蝦子，但送來的蝦子尺寸卻不一樣，至於材料腐壞不得已只好變更菜單的情況更是家常便飯。「在這個環境裡，以這項食材在有限的時間內可以做什麼？掌握瞬間的判斷力和專注力，讓自己的表現發揮到極致。雖然最糟的情況發生時，還是很令人著急，但是我認為，自己在經歷過幾次克服了像是在賭博似的驚險後，總覺得已經養成膽量了。」

也曾長達兩週沒有食材

「WASABI by morimoto」非常講究食材，因此大多數的食材都是從日本進口。但甚至就連這種進口的途徑，在沒有這類日本料理餐廳的印度，當初也不存在。直到經過許多波折，才開拓了獨有的進口管道。這些經過精挑細選的食材，其鮮美度和高品質都不容質疑。但別忘了這裡是印度，你並不會知道改天會發生什麼樣的情況。例如，一進入六月至八月的季風期（雨季），停電是很正常的事，包括電車和計程車在內的鄉鎮所有機能會全部停擺，連機場的配送系統也會無法運作。去年甚至曾經發生長達兩週缺乏食材的情況。所以，思考如何利用手上現有的食材來烹調，是日本人廚師被賦予的使命。

▲孟買的季風。（攝影／Hitesh Ashar）

●星鰻蘿蔔
將由日本築地直送的星鰻煮軟，搭配關東煮風味的白蘿蔔，就成為一道美味的和風料理。

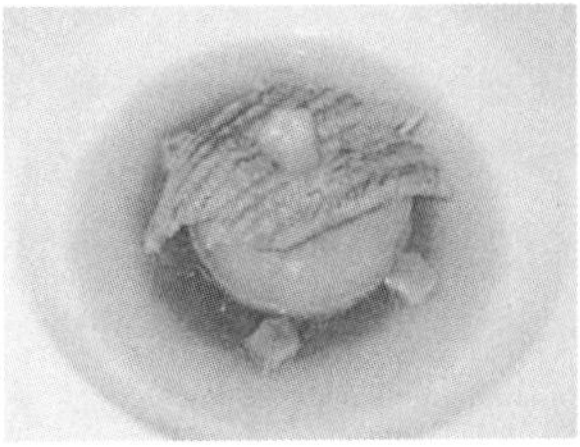

■最需注意衛生問題

季風期最需要注意的是衛生問題。在孟買的機場附近，有一大片人稱亞洲最大貧民窟的地區，有各種垃圾和細菌流入阿拉伯海，經由蚊子和老鼠傳播的病毒大範圍地擴散。

驚人的是，就連擁有一副鐵胃的印度人每年也有數千人因病死亡，而這種令人驚訝的情況遠超過外人所能想像。我認為最好的應對方式是不要出飯店、貫徹漱口和洗手、增加熟食料理等。只有在季風期，廚師們會團結一致地朝「味道其次，熟食烹調為上」的衛生觀點嚴加注意。

然而，季風也並非只有壞處。由於這時期交通中斷的緣故，無法返家的員工們只好帶著床單住宿在飯店宴會廳。「這些人平常住在髒亂不堪的家裡，但這期間卻可以在最高級的飯店洗澡、睡覺，所以他們也很高興。看看宴會廳，總覺得就好像要展開一場枕頭大戰般，大家都興致勃勃！感覺就像是畢業旅行的時候一樣。」

猶如正在注視著家人，當談及印度同事時，主廚的眼神甚是溫柔……在這裡，我深深地感受到那種超越國界的人與人之間的深刻聯繫。

■答案在廚房裡

「環境惡劣、缺乏食材、時間不夠、無法讓他們了解日本獨特的纖細滋味等，我總是會因為這些理由而不斷地妥協。但是，料理不會騙人，只要偷工減料，就會表現在料理上。這是一定的！所以，為了戰勝自己，無論調製醬汁，或是鑽研切工，我仍然堅持始終如一。我總是一心一意，反覆進行著日常生活的工作。這樣一來，就可以漸漸地知道自己應該做些什麼事了。只是為了烹調出讓眼前的客人吃得盡興的料理，

●印式燉蘋果
運用豐富的印度辛香料燉煮出來的蘋果點心，並添加蜂蜜和柚子奶油醬汁調味。

●豆腐冰淇淋與三色麻糬

我會盡全力做到最好！這些答案經常是在廚房中。」

去年，英國的報紙版面上刊登一則新聞，二〇〇四年世界上開幕的店中，「WASABI by morimoto」榮登一百名中的第六十名的殊榮。每個夜晚，從寶來塢*的明星，到足球選手、商界與政界的大人物，還有來自世界各國投宿泰姬瑪哈飯店的富豪們，都會前來「WASABI by morimoto」品嚐日本料理。

嚴選的食材、服務生恭敬的對應、華麗且穩重的裝潢，還有其中注入比佐主廚靈魂的各式料理……今天晚上在印度，仍然有來自世界各地的人們為此地最高級的日本料理讚不絕口。然而在這場華麗情景的影子中，隱藏著一位不斷挑戰印度社會和自我挑戰的日本主廚的人生。

比佐主廚和印度同事

▲這個工作團隊共有 12 人，名為「Wasabi」。照片中是其中 6 位成員。

結合芝麻、抹茶和草莓牛奶三種口味的手工麻糬，淋上豆餡和豆漿醬汁，搭配淋上黑糖的豆腐冰淇淋，裝盛成一盤美味甜點。

***寶來塢**
參見第八章第一節。

Column
印度的孩子們

▲同行在山區的錫金孩子們。

▲在大吉嶺擦身而過的少年。

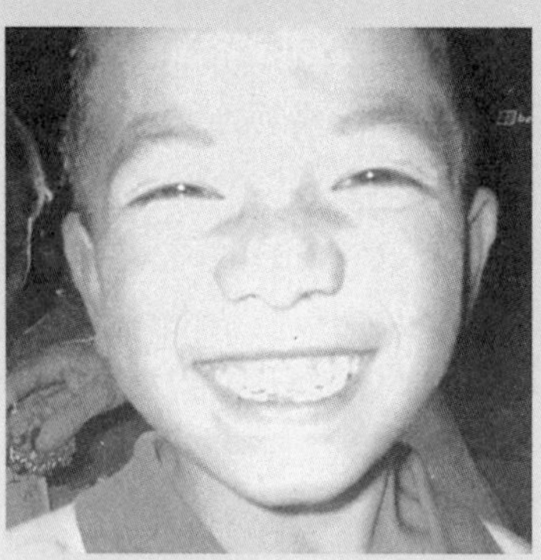

▲得到日本鉛筆的少年展露最迷人的笑臉。

▲在孟買的遊樂場玩樂的孩子們。

漫步於人口眾多的國家，會和許多孩子們相遇。前來乞討的孩子、前來兜售土產的孩子、看店的孩子等，即使在都市地區，看到錢就靠過來的孩子也不少。

但是不同於面對成人，在這裡和沒有戒心、天真爛漫的孩子們可以變成朋友。甚至只是請他們帶路，也能萌生很好的交情。

與孩子們的交往成為我在這個國家中的重要回憶。

在得到如此笑容滿溢的臉這一天，僅只是如此，我就不禁心想，來到印度真是太好了！

第8章

美妙至極的印度文化

8-1 印度的好萊塢——「寶來塢」

喜愛電影的國民性和電影大師薩雅吉・雷。

全世界電影工業最發達的國家是哪裡？比起居第二名的美國，製片數量多達數倍以上，以全世界最高的製片量為傲的，其實正是印度。

■比美好萊塢的「寶來塢」

在印度，特別著重電影製作的是大都市孟買。孟買舊名 Bombay，所以仿美國影城「好萊塢」（Hollywood）稱當地影城「寶來塢」（Bollywood）。這個名稱不僅讓人們備感親切，並且在名聲和實質上都帶動印度的電影工業。此外，加爾各答和清奈也有電影攝影棚，分別稱為 Kollywood、Tollywood。

■電影院人氣旺

為什麼印度的電影產業如此興盛？其中主要的原因是印度人喜愛看電影。他們不但喜歡以大音量來看電視，而且經常會在街頭巷尾聊著最近哪部電影最好看，或是哪個明星很帥之類的話題。

如果想知道印度人到底有多麼喜愛電影，先到電影院看看是最恰當不過！在電影院前面，印度人大排長龍，但是卻可以讓外國人優先入場。等電影一開始，也許會對又唱歌、又跳舞的單純故事情節進展感到震驚，但同時也會被印度觀眾因為深受女主角的舞蹈和淚水所感染而又哭又笑的強烈反應嚇到吧！

Tip 在印度，禁止放映性愛的畫面。因為在這種場合會打上馬賽克，所以常惹得觀眾席一陣噓聲。

▲電影院前排隊買票的觀眾。

印度電影大師薩雅吉・雷

一九九二年榮獲美國電影學院奧斯卡金像獎殊榮的印度電影大師薩雅吉・雷，讓全世界注意到印度電影。

他的電影作品如《大地之歌》、《大河之歌》、《陌生人》等，和其他以唱歌跳舞為主的印度電影不同，饒富詩意和哲學味。薩雅吉・雷曾經說過：「電影的題材就是全部的人生。」他的作品源自於自己出生及成長之地——孟加拉，現在仍然持續感動著許多人的心。

薩雅吉・雷（左）

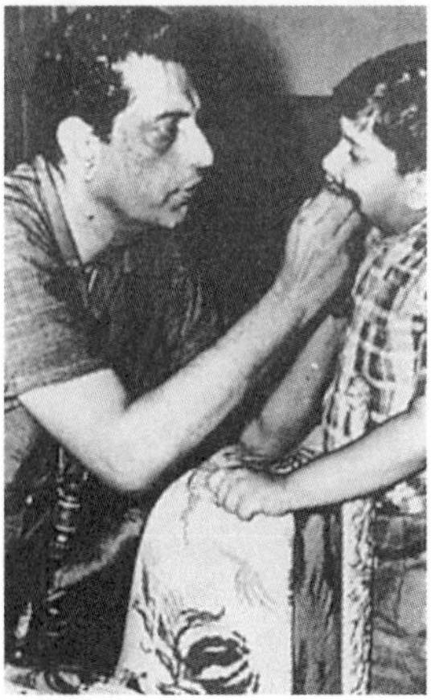

印度電影看板

披頭四的導師、西塔琴名家——拉維・香卡

印度的古典音樂和大眾音樂。

從印度的大眾流行音樂到古典音樂、美國流行音樂、印度教和伊斯蘭教的宗教音樂，還有新類型音樂。漫步於印度，你可以聽到從街上四處傳來各種各樣的音樂。

■在混沌世界響起的塔不拉鼓樂音

如今為了進修音樂而到印度的外國人日漸增加，其中最知名的樂器首推西塔琴（Sitar）*和塔不拉鼓（Tabla）*。在瓦拉那西的恆河中航行的船舶上，日本年輕人隨著印度塔不拉鼓大師練習的情景也屢屢可見。緩慢流動的恆河，以及在恆河邊沐浴的印度人、牛隻和流浪漢……也許在混沌世界中響起的塔不拉鼓那種不可思議的樂音，才是印度音樂的原始風貌。

■形成印度音樂的各種樂器

以西塔琴和塔不拉鼓為代表的印度樂器，事實上有多種樣式，包括弦樂器中用指尖彈撥的維納琴（Vina）、以木棒擊弦的印度揚琴（Santoor）；打擊樂器中的魔力單根鼓（Mridangam）、陶製的賈淡鼓（Ghatam）；吹奏樂器中無簧的班舒里笛（Bansuri）及嗩吶（Shehnai）等。

每種樂器都有獨特的音色，如果想

＊西塔琴
北印度的弦樂器。

＊塔不拉鼓
北印度的打擊樂器。

Tip 事實上，印度的古典舞蹈卡塔克舞（Kathak）正是佛朗明哥舞的源頭。這種舞蹈是昔日蒙兀兒帝國皇帝喜歡的舞蹈，表現要素以在腳踝繫上兩百個鈴鐺、快速的旋律、踏步、啞劇等為主，據說後來是經由印度的吉普賽人傳往西班牙。

知道這些樂器在音樂中擔任什麼樣的角色，首先一定要前往現場演奏會聆聽，親身體驗印度音樂的魅力。

西塔琴演奏家拉維・香卡

就如同其他國家一樣，相較於古典音樂，年輕人之間更時興流行音樂和西洋音樂，現在印度政府雖然大力地輔助有志於學習傳統音樂的學生，但古典音樂慢慢人氣衰退，演奏者也日漸減少。

然而部分販賣CD的唱片行印度老闆表示：「拉維・香卡改變了我的音樂人生，他所彈奏的西塔琴，和我過去所聽過的西塔琴完全不一樣。他讓我知道了印度古典音樂的美妙。」此外，拉維・香卡也曾是知名的流行樂團「披頭四」的導師。

促成印度音樂為世人所知的西塔琴大師拉維・香卡，可說是印度古典音樂界和愛好音樂的印度年輕人的新燈塔。

西塔琴演奏者

（攝影／John D.）

▲印度年輕人的派對。

▲塔不拉鼓。

印度文學與詩聖泰戈爾

吠陀思想與兩大敘事詩。

印度文學源於「吠陀*」（Veda）思想，複雜地交織無數的地區、時代和宗教而產生。

對神的禮讚——吠陀

不斷歌詠孟加拉之心的印度民族詩人羅賓德拉納特・泰戈爾、十五世紀的詩人卡比爾（Kabir）、社會派女作家瑪哈絲薇塔・德薇（Mahasweta Devi），以及留存於各地的眾多民間故事。

印度遼闊的土地上居住著各式各樣的民族，要定義「印度文學」是非常困難的一件事。原因在於印度各自的民族、地域和語言中都各有自己的文學。

但是，若說印度整體的根基即是「吠陀」文學，一點也不為過。西元前一五〇〇年入侵的雅利安人，對大自然懷抱敬畏之心，因此將日、月、雲、風、火、水、動植物等自然界所有的存在都予以神格化，並誠心祈禱。這些思想綿延三千年不輟，成為印度文學的基礎。

《羅摩衍那》、《摩訶婆羅多》

描寫想像中的英雄傳說*的《羅摩衍那》、《摩訶婆羅多》兩大敘事詩，是古代印度的代表性古典作品。雖然完成至今已經約兩千年，但正確的時期至今仍是一團謎。

＊吠陀思想
婆羅門教的所有聖典總稱。

＊描寫英雄傳說
印度的古典舞蹈《羅摩衍那》（Rāmāyana，意為羅摩遊記）、《摩訶婆羅多》（Mahābhārata）是最常演出的劇目。

《摩訶婆羅多》以梵文（Sanskrit）撰寫而成，全書十八卷，十萬詩句，構成全世界最大的一部敘事詩。根據地域不同，本故事有許多不同的版本，雖然許多流傳的版本內容互異，但都以古印度婆羅多族（Bharata）的戰爭為主題。

至於《羅摩衍那》是敘述主角羅摩王（Rama）救回被惡魔奪走的妻子的冒險故事。這兩部描寫神話、宗教、哲學、道德和法律等多面向的敘事詩，深深影響後世的印度文化和宗教，至今仍常出現在電影或舞蹈中，深受印度人喜愛。

詩聖羅賓德拉納特．泰戈爾

一九一三年，以英文詩歌《吉檀枷利》（*Gitanjali*，原意為獻歌）成為亞洲第一位獲頒諾貝爾文學獎的泰戈爾，本身既是詩人、小說家、戲曲家、音樂家、舞蹈家，而且還在村落復興運動及民族復興運動上發揮其多項才能，對印度貢獻甚大。從以孩子為對象的民謠到歌頌自然之美，人們在日常生活中低聲吟唱著泰戈爾的歌謠。大家務必透過詩歌和小說探訪詩聖泰戈爾的美妙精神世界。

泰戈爾和甘地

▲《摩訶婆羅多》的場景。

▲《羅摩衍那》的場景。

宗教與性愛的世界——《印度愛經》

印度的宗教和建築是終極「唯性主義」的世界。

在印度各地旅遊，偶爾會見到稱為「靈甘」的男性生殖器的神像。

■性典《印度愛經》

「靈甘」（Lingam）象徵印度教中的濕婆神。雖然可能會讓看的人想將眼神移開，但這只是剛入眼時。古印度時代就已經製作與性愛相關的書籍，甚至鉅細靡遺地記載男女性愛之事的書，就是《印度愛經》（*Kama Sutra*）。

《印度愛經》雖然是古印度的性愛經典，現在仍然可以在印度書店中購得。書中描繪了美麗的女性裸體、在樹下擁抱的男女，以及男女交合的圖像。全書由七部所構成，其中最著名的是赤裸裸描寫性愛情景的第二章。從一般性的愛情的引導，到求愛的方式、妻子的情況，然後到接吻、前戲，以及性交體位的列表，描寫了所有與性愛相關的內容。雖然這樣的書籍在古印度面世之初令人大為吃驚，但之後在印度美術及建築方面，都受到《印度愛經》極大的影響，也可以說「唯性主義」成為印度建築美術的一大課題。

■卡朱拉荷寺廟群

對觀看者的衝擊力與《印度愛經》不相上下的是位於卡朱拉荷的寺廟群。

▲現在仍然在印度書店販賣的《印度愛經》。

在眾多印度教寺院的壁面上，滿是性愛飛天仙女模樣的雕刻，無論男女交合或接吻纏綿等所有性愛世界，都藉由精細的雕刻來呈現。許多造訪者身處在悠閒的田園景致圍繞、炙熱的太陽和青空下觀看這一幕幕，也會為雕像過於強烈的性愛世界感到驚訝不已吧！但在此同時，透過「情欲」，也許正可以感受到古代人們的生命力。

獲得神明的意識——印度教密宗

何以這樣的性愛世界會呈現於寺廟和書本中？答案是印度教中的印度教密宗（Tantrism，亦稱怛特羅教派）＊，其思想本質為解放欲望、獲得絕對的自由。當時，在北印度興起的印度教密宗將性愛和性交神聖化，成為適合寺廟的建築，並成為人們信仰的對象。一邊閱讀《印度愛經》，並在卡朱拉荷寺廟群祈禱，也許就能更接近神明。

卡朱拉荷寺廟群的雕刻

（攝影／Usher Airunp）

＊**印度教密宗**
印度教的一支教派。教旨為經由男女交合與神明合為一體，因而獲得自由和幸福。

8-5

印度民族畫的世界——米提拉畫與瓦里畫

世上唯一一座米提拉畫美術館。

說到印度的美術，以知名的阿姜塔石窟壁畫為首，從印度河文明到笈多王朝、伊斯蘭教時期等，印度擁有數量眾多的遺跡和繪畫。

日本的印度美術館

所有的印度美術都是與人們的生活和宗教密切關聯而產生的。這些藝術歷史悠久，無法在此處全部鉅細靡遺地介紹，但本書將介紹以現代藝術和民眾生活為養分而產生的兩種民族畫。

位於新潟縣的十日町這座裝飾著印度原住民繪畫的美術館，也是世上唯一一座米提拉畫美術館。由深山的一所廢校改建而成的美術館，曾有許多知名人士前來拜訪，也鼓勵了數位印度畫家長期停留於此進行創作。館長長谷川時夫先生*花費數十年的歲月，收集米提拉畫（Mithila Painting）與瓦里畫（Warli painting）等印度民族繪畫並保存，同時他也和畫家們共同鼓勵現代藝術的創作。那麼，印度民族畫到底是什麼樣的世界呢？

筆者：所謂「米提拉畫」是什麼樣的作品呢？

長谷川先生：在印度的比哈爾邦東北部，自古以來即有一個米提拉王國為

＊長谷川時夫館長

長谷川時夫先生是在日本和印度間非常密切交流的米提拉畫美術館的館長。當年參加泰姬瑪哈陵旅行團並巡迴歐洲後，為了追求月亮最美的場所，因此移居十日町。他從很早以前就開始深入了解米提拉畫之美及藝術家甘迦・黛薇的偉大。過去三十年間，長谷川時夫先生也邀請了多位印度畫家和舞蹈家來到十日町，舉辦許多活動，對於印度文化的保護和發展有很大的貢獻。

▲長谷川館長。

人所知。在這個地方，即使歷經三千年，一代代的母親們仍然會將壁畫技巧傳承給女兒。米提拉畫是以磨碎米所得的白色汁液混合牛糞和黏土，用來描繪出雅致樸素的大自然景致。每到了配合日月運行的豐收祭典或家族祭典時，家家戶戶就像是要裝飾樸素的牆壁般，會在牆壁上描繪出關於宇宙創造、自然之神，以及印度教的神祇。

這些壁畫的轉捩點是一九三四年發生在比哈爾邦的大地震，當時英國的行政官亞瑟從倒塌的房子中發現這一類作品。之後，已故前印度首相英迪拉·甘地委任當時的印度手工藝局長普普爾·迦耶卡爾女士幫助當地女性們自立與獨立，於是使民族畫風的傳統壁畫獲得重生。漸漸地，米提拉畫在歐美各國也得到對其藝術性的高評價。

《法輪》（Chakra），Godawari Dutta 作

*米提拉畫美術館
網址：http://www.mithila-museum.com/
聯絡處：日本新潟縣十日町市大池

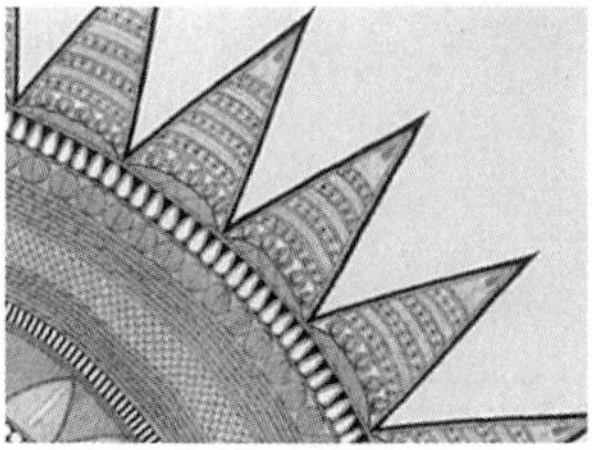

▲《法輪》（局部）。

《雙性的濕婆神》，Godawari Dutta 作

《黑天與羅陀》，Sita Devi 作

■印度的畢卡索——甘迦・黛薇

筆者：米提拉畫有哪些知名的畫家呢？

長谷川先生：我認為如果不提到甘迦・黛薇（Ganga Devi）這個名字，就無法說明米提拉畫。在印度小村莊中繪製傳統畫的甘迦・黛薇，當年被人稱「米提拉畫之母」的普普爾・迦耶卡爾女士發現才能，成為世界級的藝術家。她的一生坎坷，經歷過與十七歲時即結褵的丈夫離婚、靠刺繡和紡紗想盡辦法生存的貧困時期，以及與癌症對抗……即使在她被評價為印度二十世紀最偉大的藝術家之後，生活仍過得不甚安穩。

其實不只是甘迦・黛薇，米提拉畫與瓦里畫的許多畫家都像她一樣，必須在嚴苛的命運下生存。但正因為如此，這些人的畫作才會充滿靈魂，才會擁有打動人心的力量。

筆者：甘迦・黛薇過著什麼樣的生活呢？

長谷川先生：她在早晨沐浴後，會閱讀《羅摩衍那》等經典約兩小時。當她在白天外出時，即使是陰天，也會向太陽之神祈禱；夜晚外出時，即使月亮已隱蔽在雲後，也會朝著大概的方位，向月亮祈禱。即使看不見也會衷心地祈禱，這對日本人來說可能是很難理解的感覺。

當她作畫累了的時候，就會讓眼睛休息，閱讀經典；腦海中構思不出畫面時，則是口唸「偉大的甘尼許啊！偉大的甘尼許啊！」（Giant Ganesh!）來膜拜甘尼許神，據說就會得到繪畫的靈感。她自己表示，繪畫是她滿懷歡喜心向神明祈求而來的。

筆者：對於這些藝術家來說，神明是一種什麼樣的存在？

▲美術館內所收藏甘迦・黛薇的作品《黑天與羅陀》。

長谷川先生：對於總是在向神明祈求的這些女性的心靈來說，神明可以說是一種近在咫尺的存在。這也是身為人妻、身為媳婦、身為女性而處在充滿許多苦難和挫折的印度社會中，守護自己生活中的一部分吧！米提拉畫並不只是在壁面上被傳承的藝術那一部分而已，也是和現代生活關係密切的印度女性朝向飛躍性自立的嘗試。其中充滿印度的歷史、生活、文化、宗教及宇宙觀等。

瓦里畫（局部）

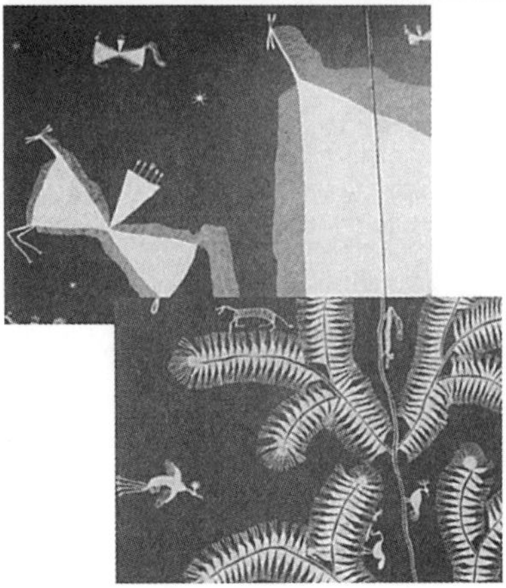

■印度民族畫——瓦里畫

長谷川先生：印度全國約有五百個種族以上的原住民，總人口超過四千五百萬人。其中也包括瓦里族，他們居住在孟買附近的馬哈拉施特拉邦中的占那（Thane），是一個以農業和漁業維生的民族。一九七〇年代，瓦里畫獲得世界級的評價大獲成功，於是印度政府將此當作原住民的救濟政策，開始積極獎勵瓦里畫。

筆者：瓦里畫所意涵的世界觀是什麼樣的世界觀？

長谷川先生：瓦里族崇拜孕育萬物的女神、祖先、精靈及自然神祇。我深深地認為，正是樸素的生活和瓦里族的精神轉變為宛如象形文字和古代文明般的原始繪畫。每一幅畫都具有豐富的表現力，在紅土畫布上，以將米磨碎取汁當作白色顏料這種最單純的手法來繪製

▲現在，在印度的書籍或雜誌的封面上也刊載了瓦里畫。

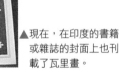

圖畫。他們在每一張畫布中，表現出一片片葉子在風中搖擺或一粒粒的米粒都不同的宇宙原理。此外，如同米提拉畫般，描繪祭祀和生活樣貌的畫作中，也描繪出他們所認為的，無論是人類的誕生、結婚或死亡等，其實都是自然或宇宙的一項任務。

位於深山中的米提拉畫美術館

由廢校改建成的米提拉畫美術館。

瓦里畫「塔爾帕之舞」，Jivya Soma Mashe 作

Column

印度的藝術家們

▲「Fine Art Gallery」。

▲佛陀的喜悅之淚。

▲使果亞的海灘變得親近的佛陀藝術畫廊。

▲果亞的畫家。

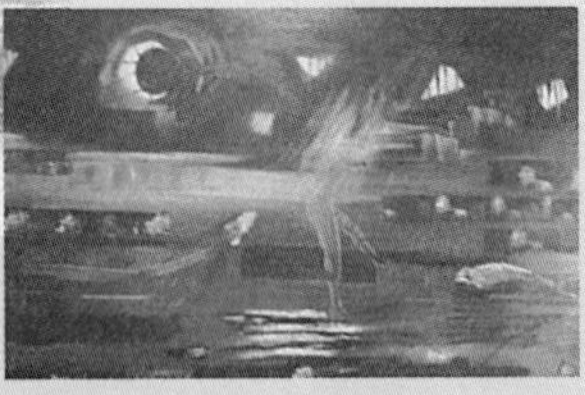

▶《月之光》。主旨在表現因為街頭的燈光而傷害了月光。

佛教遺跡或歷史遺跡就無須贅述，在印度街頭還常能看見神明圖畫和宗教性繪畫。印度的藝術家在畫布上表現出印度教眾神、佛陀以及月亮等周遭自然界中發現與祈求的神祇。

第9章

從印度傳至日本的風潮

印度傳統醫療——阿輸吠陀

AYURVEDA=AYUS（生命）＋VEDA（科學）。「生命科學」具有什麼力量？

隨著療癒熱潮，以都會女性為中心而深受矚目的阿輸吠陀，雖是五千年前發祥於印度的民間醫學，如今仍治療著現代人。

■專訪阿輸吠陀專店

到底阿輸吠陀（Ayurveda）是什麼樣的治療？又有什麼樣的效果呢？我前往訪問阿輸吠陀專家萩島由紀子小姐。

筆者：請問「阿輸吠陀」是什麼？

萩島小姐：「阿輸吠陀」就是梵文＊「生命科學」的意思。在古印度，為了理解「宇宙法則與萬物創世」，因而定義出「創世萬物的五項要素」。這五項要素便是空、風、火、水、地。也就是說，印度人認為包括人類在內，存在於宇宙的所有物質皆是由這五項元素所構成。然後以這五項要素為根基，構成三個生命能量（Dosha）：風型（Vata）＊、火型（Pita）＊、「水土型」（Kapha）＊，運作人類的身體。由這三種生命能量各自占多少比例，便能理解這人的體質。

筆者：了解體質有什麼重要性呢？

萩島小姐：雖然依照阿輸吠陀的觀點，在季節變化和不同環境中，三種能量的平衡會受到影響，但大多數人在這

▲萩島由紀子小姐。

＊萩島由紀子小姐的店「Ayurveda detox SPA Sattvic」

東京都豐島區南池袋一─九─二○ CITY COURT 二○五

http://www.sattvic.jp/

使用產自印度阿輸吠陀發源地的精油，依照個別不同體質進行治療，並對恢復符合個人身心平衡的方式提供專業建議。設立了阿輸吠陀女醫師的健康諮詢。入門講座、瑜伽教

三部分中會有其中一項生命能量特別強。例如「風型」的運作較強的人，便稱為「風型」體質。在阿輸吠陀中，「了解體質」是非常重要的一件事，為了健康地生活，必須過符合自我體質的飲食生活。舉例來說，即使是攝取多麼有益健康的飲食，如果不符合自己的體質或狀態，也會變成毒素。阿輸吠陀便是在理解自我體質的優點和缺點這一基礎之上，讓疾病不會找上門，呈現出生氣勃勃的身體構造。

筆者：何謂阿輸吠陀哲學？

萩島小姐：阿輸吠陀中有所謂數論派（Samkhya）*的思考方式。人類是一個小宇宙，但和整個宇宙有密切的關聯與相互影響。因此數論派認為，保持自我心靈和身體的健康，對於家人和社會，以至於國家和地球、宇宙，都非常重要。

這不只是單純的體質判斷，阿輸吠陀是將為了達到健康幸福的人生知識來對應個人性質、狀況、季節並進行詳細記錄。人們可以藉此學習到從古印度開始的民間醫學迥異於現代醫學的重要觀念。

阿輸吠陀專門店

室、Holistic Detox Café（不定期）舉辦中。

***梵文**
西元前在印度已確立的語言，英語稱為 Sanskrit。雖然現在日常生活中已不再使用，但阿輸吠陀、瑜伽經典或人們禱唸的曼陀羅（真言），大多是以梵文撰寫。

***風型**（Vata）
構成元素為風和空。

***火型**（Pita）
構成元素為火和水。

***水土型**（Kapha）
構成元素為地和水。

***數論派**（Samkhya）
主張地球上的全體生命都和宇宙同調，也就是說，人類的身心和宇宙是一體。

筆者：您認為阿輸吠陀最大的魅力在哪裡？

萩島小姐：我認為是人們盡己所能歌頌自己的人生知識，而且簡單明瞭地撰寫下來。

筆者：對於五千年前發源自印度的醫學，到現在仍有很大的效果，您有何看法？

萩島小姐：愈深入了解阿輸吠陀，就愈能了解其中的原理無非是自然的天命。簡單來說，炎熱的夏季所收穫的植物飽含水分，藉此冷卻攝取這些植物的動物身體，便是其中的法則。所以超越了時代，承受和人種無關的恩惠，便因此能輕而易舉地被接受。至於我個人，只是對於五千年前便已清楚明瞭地記錄自然智慧的阿輸吠陀及其發源地印度，懷有敬畏之心。

筆者：您對於阿輸吠陀中表現的印度宇宙觀有何看法？

萩島小姐：從宇宙誕生論的層面來說，阿輸吠陀認為是「從精妙的聲音震動開始」，而基督宗教則說「從傾聽天主的聖音開始」，近年來的量子力學領域也主張宇宙創造「是從空間震動開始」。雖然現代科學從二十一世紀起便已達到這樣的境界，但我對於聖經或阿輸吠陀中的內容竟也有一致的看法，覺得非常有趣。

筆者：您認為印度這處阿輸吠陀的發源地有什麼樣的魅力呢？

萩島小姐：我實際造訪印度的感覺是，在經濟急速成長的陰影中，存在著因貧困而來的灰暗面。雖然印度是美好的哲學與醫學的發源地，但我卻覺得已經忘卻這些智慧的人們明顯可見。話雖如此，一旦在能感受到自然的地方，早晨進行瑜伽或冥想，便能感受到在日本不曾有過的寧靜。

此外，在印度也會接觸到許多人純粹認為家族極其重要的想法。在這裡，世界上最小單位的家族是生命的中心，而家族群聚而成的國家，其未來將充滿光明。

希維達拉療程*

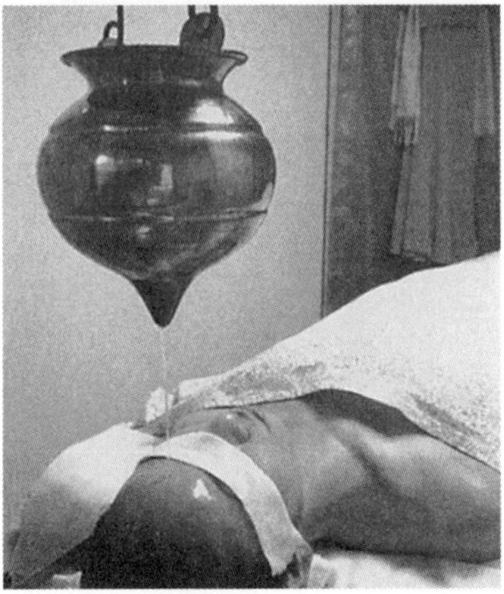

藥草球*

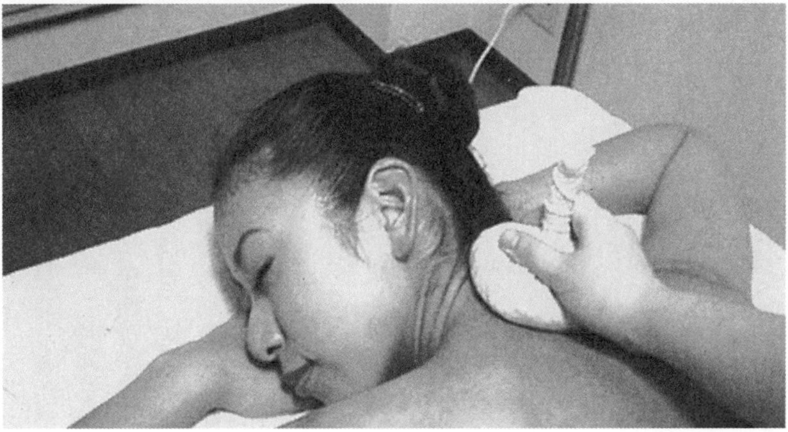

***希維達拉療程**

希達維拉療程（Shirodhara）是以溫精油持續地滴在額頭上的療法。能放鬆腦神經，對於壓力、失眠與精神疾病有不錯的效果。

***藥草球**

依照使用目的在袋子中裝入乾燥藥草的根或葉製作成藥草球（Herb Ball），水蒸後按壓於患部發揮療效。

筆者：了解自己的體質，有哪些益處呢？

萩島小姐：大致上可分為三點。

首先是在一天之中，最佳時間、睡眠時間及飲食生活會根據體質而有所不同。將合乎自己體質的行為習慣化後，每天便能過著舒適的生活了。季節與體內的生命能量有極深刻的關係。例如，夏季時體內的風型能量容易增加，秋季時火型能量就容易混亂。如果能了解氣候和生命能量的關係，以季節為基準來調節生理方面的變化，便能擁有朝氣蓬勃的每一天。

其次，每天的飲食能夠攝取合乎體質的適當營養，將對身心帶來莫大的影響。攝取合乎體質且品質優良的食物，不僅營養得以被身體吸收，也會使肉體和精神的運作都變得更順暢，因而維持身體健康。

最後，了解體質也能獲得疾病預防和治療的線索。三種生命能量是引起疾病的根本因素，某些疾病只有一種生命能量便會發生，但也有兩、三種生命能量加總後所引發的疾病。此時如果能準確地掌握體質，便能預防自己因為混亂的生命能量所引發的疾病；即使不幸生病了，也能夠予以適當對應。

南印度阿輸吠陀的專門藥局

▶羅勒（印度名 Tulsi）
在印度教中，羅勒是受膜拜的對象，傳統上種植在庭院和寺廟中。在一般家庭中，感冒時將羅勒當成藥物，皮膚病或傷口消毒時也會利用到。

◀苦楝（Neem）
阿輸吠陀所使用最強力的藥草。早晨以最小茶匙取用，配一杯 150～200cc 的白開水服食。

阿輸吠陀體質判斷法

體質檢查表				
NO	特徵	風型	火型	水土型
1	骨骼	瘦，身高高或矮	中等	身高矮，體重重
2	肌肉	少	柔軟	強壯、沉重
3	皮膚	乾燥、粗糙	柔軟、中油	厚、油
4	皮膚溫度	手腳冰冷	溫	冷
5	血管、筋	血管浮出且硬	被覆蓋且柔軟	隱藏
6	頭髮	乾燥、缺乏水分	柔軟	粗且油
7	皮膚的光澤	暗沉	紅潤	青白、白
8	牙齒	小	中等	大且健康
9	牙肉	少且後退	易出血	健康
10	嘴唇	薄且小	中等且柔軟	厚且光滑
11	食欲	容易變化	高	低
12	喉嚨的乾燥度	少	頻繁	穩定
13	排便	便祕	普通	規則
14	糞便	乾燥且硬	柔軟且稀	柔軟
15	尿液	少量	普通	多量
16	汗	少量	多量	普通
17	生理期	疼痛且不規則	不舒服且規則	普通
18	運動持久力	差	非常好	好
19	聲音	乾且快	有如歌唱般	柔和
20	說話方式	快且多話	有魄力	舒服
21	心靈傾向	不斷地運作	敏銳	安靜且沉穩
22	思考	不停改變	安定、合理	固定
23	集中力	短暫優良	優良	持續優良
24	掌握力	快	中等	遲
25	記憶	短期記憶佳	佳	長期記憶佳
26	睡眠	淺且容易驚醒	深、中等	深且久
27	夢	飛翔、恐怖、清楚記下	強烈、暴力、能清楚記下	和水有關、穩定、完全記不起來
合計				

▲你偏向哪種體質呢？有興趣了解可以參考「Ayurveda detox SPA Sattvic」網站和本書，輕鬆體驗印度的傳統醫療「阿輸吠陀」。

9-2

新興文化的風潮——公平交易

越過海洋的東西流通孕育著人們的生活和文化

在此來看看現在最流行的話題——公平交易。

新興經濟系統——公平交易

二十世紀新興的經濟系統——公平交易（Fairtrade），是一種不透過仲介業者而直接取得發展中國家人們的手工藝品，對於發展中國家的生產者進行經濟援助，並擔任文化支援者角色的方式。在此受訪的小村貴子小姐，截至數年前為止，一直活躍於公平交易的最前線，主要對印度的生產者有深入且直接的接觸交流，我請她談談有關印度的公平交易制度。

筆者：請問曾與您交易過的生產者都是製作什麼樣的產品？

小村小姐：以前我主要交易的對象是製作植物染色衣物（T恤、布、上衣及褲子等）的NGO團體、製作蠟燭的NGO團體（產地主要為加爾各答）、染色或紡織衣物（絲製圍巾、棉織品等）的NGO團體（產地主要為加爾各答鄉下地區）。其他還有販賣串珠飾品、鐵或黃銅裝飾品、絲製紗麗、羊皮包等。

筆者：生產者都是什麼樣的人呢？

▲小村貴子小姐。

小村小姐：植物染色衣物的生產作業是在拉賈斯坦邦的沙漠地帶小村落進行，這裡的村民主要從事植物染、版畫染和蠟染。在這裡，無論女性或男性都同樣要勤奮工作。雖然十幾歲的孩子也要幫忙工作，但大家都樂在其中，可以看到此地的勞動環境井然有序。

製作蠟燭的NGO團體生產者在加爾各答的小工廠工作，他們是一群聽障人士。雖然在印度等國家，這樣的人們沒有受到保護似乎是實情，但NGO團體卻僱用他們，藉此幫助他們獲取經濟上的獨立。

製作染色和紡織衣物的團體位於加爾各答，是多洪水的濕地地區，到處都能看到水塘。這裡在過去是一旦發生大洪水就會連住家或工作地點全部消失的地區。此地的生產者大多是女性，她們代替沒有工作的丈夫，這樣的家庭似乎也所在多有。此外，這裡仍然有失業在家、整天無所事事的丈夫毆打老婆和小孩洩憤的情況。雖然這個團體的代表是一位男性，但無論是商品管理或現場監督，都由女性強而有力地主導。

筆者：當您實際上遇到生產者時，心中想到的是什麼呢？

小村小姐：在公平交易團體工作的生產者，井然有序的勞動環境很齊備，感覺起來大家都朝氣蓬勃地努力工作。他們身上穿的衣物和飲食不但比當地一般下層家庭要來得好，也相當信賴團體的代表，彼此之間感情緊密，擁有良好的商業關係。

染絲製圍巾

筆者：深入思考印度生產者的文化和傳統，您認為那是什麼？

小村小姐：站在ＮＧＯ的立場上，他們強烈地希望能夠以首先在國內販售為主。然而，在印度各地有形形色色的問題，生產商品進行販賣時，就必須要一一解決這些問題。所以選擇在海外上市，即使只有自己那一地區受惠，也是沒有辦法中的辦法。

例如，儘管印度非常重視傳統，但仍會試著在符合現代的需要下在設計上求變化，生產使用傳統版畫染和植物染的高設計性Ｔ恤。

傳統技法是這片土地上代代相傳的優秀寶藏，一旦散佚了，就會有許多生產者因此失去工作。而失去這些生產者，就會聯想到和失去國家的文化和傳統有關。

筆者：公平交易對於他們的生活有什麼影響？還有給予他們多少經濟上的支援？

小村小姐：對他們的生活產生的影響，在於與ＮＧＯ一起工作之前的生活水準相比，如今已有所提升。雖然無法調查出薪資具體增加的金額是多少，但在與ＮＧＯ相遇前，失業者似乎不少。現在他們由於有了工作機會，不只變得能夠在經濟上自立，也能擁有生存的價值，此外對於擁有自信等精神上的正面影響也很大。

筆者：透過公平交易這種方式，您認為關於印度這個國家、印度人這個人種，是什麼樣的國家和人種呢？

小村小姐：印度是一個擁有無比可能性的國家。若機會能夠更為均等，技術和生產力一定會一飛沖天吧！雖然只是希望能夠讓低所得家庭的孩子們接受

▲蠟燭生產者。

教育，但我相信增加這個機會的其中一種方式，便是公平交易。此外，透過公平交易不只是流通商品，如果各種技術和文化也得以交流，那真是最好不過的事了。

筆者：對於小村小姐來說，印度的魅力和印度人的魅力是什麼呢？

小村小姐：我想是人們每天拼命過生活的行為。雖然時間流逝非常地緩慢，但是為了生存，拼命賺錢的人四處都是。

此外，我認為他們對自己的感覺誠實，擁有堅強的信念。只要你一前往印度，雖然可以感覺到印度自身的許多問題，但也能因此而了解存在於自己國家的問題。與自然共生、安全問題（竊盜是家常便飯）、缺乏人與人之間的溝通等等，正因為這是一個紛爭不斷的國家，有許多人對於政治和經濟特別敏感。因為在其他地方很普通的事，在這裡卻會變得不再理所當然，在這種地方要繃緊神經之處，便是其魅力所在。

紡織品生產者

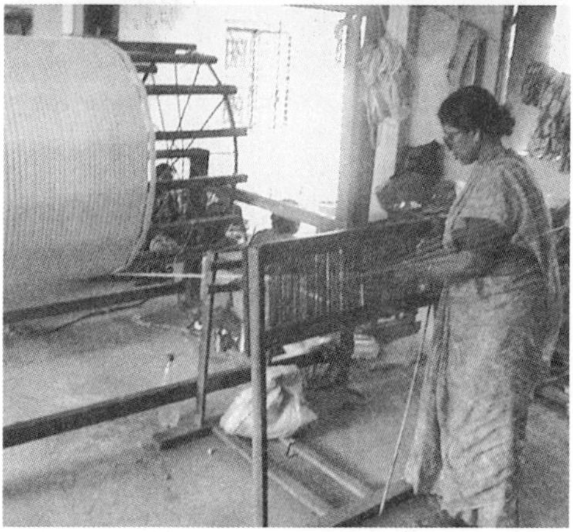

9-3

在瑜伽聖地修行瑜伽！（特稿．林香苗）

日本女性在印度體驗瑜伽修行的相關報導。

終於來到憧憬已久的瑜伽發源地瑞許克斯的瑜伽道場。不愧是瑜伽聖地，許多人從世界各國前來此處，進行瑜伽的修行。

■瑜伽道場的住宿

乘臥鋪火車到瑞許克斯（Rishi-kesh）是一段兩天一夜的旅程。在為數眾多的阿修拉姆*中，我落腳於在菩提伽耶（Bodhigaya）遇見的瑜伽人（Yoggy）所推薦的瑜伽道場（Yoga Niketan）。雖然價格便宜這一點讓我甚為滿意，但因為是鋼筋水泥的兩層樓建築，外面則是氣溫攝氏四十五度的高溫，所以晚上總熱得睡不著覺。

在我住宿期間，只有我和另外一人是來自於日本。其他還有紐西蘭人、澳洲人、歐洲人、韓國人及英國人等等，約有二十人。大家的職業也包羅萬象，有律師，也有學生。

凌晨五點的冥想（Meditation）時，有一位老伯為大家說明。五分鐘的說明結束後，便關掉電燈，大家都陷入冥想之中。瑜伽包括「拜日式」和「山式」等共進行一小時左右。接下來的早餐則是燕麥和印度奶茶，吃習慣後就會覺得非常地美味！

上午從九點到十一點時圖書館會開

＊阿修拉姆
阿修拉姆（Aashram）瑜伽道場，價格從附三餐一天約二五〇盧比起（站在右側的是林香苗小姐）。

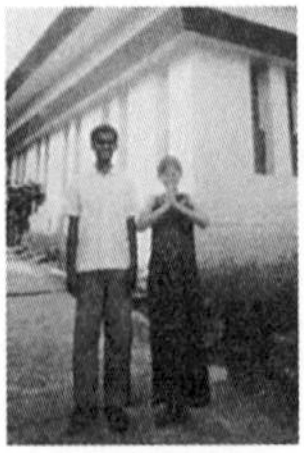

門，可以在那裡閱讀書籍。午餐是米飯和印度烤餅「恰巴帝」、生蔬菜、炒什錦蔬菜，大家能自由添飯。菜色很充足，所以素食者也能飽餐一頓！下午上的瑜伽課程也和早上一樣。這是週一到週五的課程。

清洗鼻和胃，然後一直洗淨到腸

到了週六的上午，要清洗*「鼻」和「胃」。

在我投宿於道場的時候，正逢道場一年只有兩次的「腸」清洗活動。雖然有一點害怕，但我還是毫不猶豫地參加了！和胃的清洗相同，一樣是飲用約六杯味道很苦的檸檬汁，喝完後，便開始進行蠕動腸子的體操，包括進行半蹲前進或是讓躺著的身體屈曲成圓形滾動等各種運動，過程中若有「感覺」，就往廁所跑！從廁所回來後，又再度飲用檸檬汁，然後再運動。將近三小時專心反覆進行這些動作，也上廁所約六〜八次，最後排出來的應該會變成像是檸檬汁那樣清澈的水狀物，但是包括我在內的所有人都未達到這樣的結果。全部結束之後，大家都非常疲倦。

中午的時候，這天第一次進食吃的是八分滿燕麥粥之類的餐點。由於我感到筋疲力盡，此後一直到傍晚都沉沉入睡，有一種說不出的疲勞感。雖然感覺很舒暢，但是不知道是不是身體的防衛本能，第二天開始我就便祕了好幾天。

在進行各項活動的情況下過了十五天，讓我更想住在這裡。但是，如果不回日本……明明在這裡總是大口大口吃飯，零食不停口，冰淇淋也不放過，但是在此之前即使進行肌肉鍛鍊也練不出來的肌肉卻出現了，更減輕了兩公斤，身體感到非常地舒暢！等我變成歐巴桑的時候，一定還要再來！

＊清洗

鼻：站立彎腰，以向前彎曲的姿態，從一側鼻孔以注水器注入溫水（加鹽），然後再從另一側的鼻孔流出。過程中嘴巴呈張開狀態。

胃：約三杯溫水（加入檸檬汁）一口氣喝完，然後將手指伸進嘴裡催吐。一開始還吐不出來，只會眼淚直流，非常痛苦，但習慣了之後，無須動手指就會吐出。

9-4 德蕾莎修女之家的義工體驗（特稿．林香苗）

透過洗衣、飲食以及與患者交流所學到的事。

在日本也從事看護工作的我，是在二〇〇四年四月前往加爾各答的德蕾莎修女之家擔任義工。

在德蕾莎修女之家的體驗

早上六點半從投宿的地方步行三十分鐘到德蕾莎修女之家。一路上看見呈「川」字型躺在路邊仍然呼呼大睡的人們、從路邊的水龍頭汲水淋浴的人們、刷牙的人們、梳洗完畢看報紙的大叔，還有邊打招呼邊愉快享受印度奶茶的大叔。我也向對方喊「NAMASTE！」打招呼，同時獨自一人步行往目的地。雖然白天的氣溫高達攝氏四十五度以上，但因為早晨仍然涼爽，所以感覺很舒服。

早上七點，義工們首先前往德蕾莎修女之家集合，吃麵包和菲律賓香蕉、印度奶茶。這一時期義工人數眾多，此地聚集了約一百人左右。吃過早餐後，便各自和擔任義工的孩子們一起出發前往各機構。

八點過後，我們到達需要服務的機構。首先，從洗衣服展開今天的義工工作。先用腳踏或用手搓洗，然後在石頭地上拋摔。一面發出「啪嚓！啪嚓！」的好聽聲音，一面以單手拿衣物反覆拋摔七、八次，以去除汙垢，這就是印度式的洗衣法。接下來用水嘩啦嘩啦地洗

◀在德蕾莎修女之家不同的義工服務機構中，林香苗小姐選擇到收留從年幼的低階級者到年長者的「慢性病患之家」。照片中是義工成員和孩子們（右數第二位是林香苗小姐）。

乾淨，然後擰乾（這個步驟最累！），最後晾在屋頂上。這樣，早上的洗衣工作就完成了。

十點半是早茶時間。大家一邊鬧哄哄地吃著比司吉和香蕉配甜印度奶茶，一邊也休息。下一步就是準備接下來的午餐分配。菜單是米飯及蔬菜與肉煮成的咖哩，似乎非常美味。我們必須餵食需要他人幫助飲食的病患，雖然也提供湯匙，但這裡是印度，我們得用自己的手餵食。我看到「媽希」（Maasii）*們以自己的手餵食病患，心想這裡果然還是要入境隨俗，我也挑戰看看吧！此刻我才知道，無論是自己吃或是餵食他人吃，比起拿著湯匙或筷子等間接的工具，還是以和身體連接的雙手來取食最能感受美味（不過因為我沒有被人用手餵食過，所以這一點還不清楚）。

大家結束早上的義工工作後回到修女之家，在餐廳拿了午餐後就回去住宿的地方。雖然下午還想再度前來的人可以回來，但事實上包含我在內，因為疲勞和昏昏欲睡而無法再參加的人們也不少吧！

雖然我在日本從事看護工作，但也能深深感受到「媽希」對患者嚴厲的行為。或許「媽希」和患者之間擁有只擔任一個月義工的我無法建立的信賴關係吧！這裡有屬於這裡的一套做事方式，我並不清楚什麼才是「正確」的方式。這裡在衛生方面並未擁有充分的設備，我雖然也曾想再打掃得更乾淨些，但一想到印度的生活，也會覺得其實沒什麼大不了的。

雖然過著反覆自問自答的日子，但在印度擔任義工時所學到的，還是關於人類自身。不管是印度人還是日本人，基本上都是一樣的。雖然是如此簡單的一個觀念，但我卻認為這是自己在德蕾莎修女之家所學到最重要的一件事。

---

*媽希
在德蕾莎修女之家工作的印度看護阿姨。

9-5

淨化所有的罪惡？恆河的沐浴體驗（現場採訪）

飽藏靈魂的瓦拉那西。

所謂的「死」就在我們眼前，那麼「生」也可以說就在眼前吧！

恆河畔目睹生與死

又有屍體運送過來了。這是第幾具屍體了呢？這一週我投宿在遙望恆河的便宜旅館，火葬場就近在眼前。充斥耳邊「蘭瑪～蘭瑪～」的噪音，讓本來身體狀況變差而噁心想吐的我更加焦躁。打開窗戶一看，在四個男人抬著的擔架上，放置了一具以金色塑膠包裹著的屍體，正在恆河的河水中緩緩浸泡。火葬場另外還有兩具處理中的屍體，那已經不是屬於人類身體的物體，只能見到黑色與白色的木炭燃燒生成的紅色火焰。男人偶爾用竹棒挑旺炭火，火焰便有如靈魂升天般向上飛起美麗的火花。

剛剛還在浸泡的那具屍體，現在旁邊開始堆起柴薪，在平行排列的四根大圓木上方，放置了許多細小的樹枝，然後屍體被擺放在最上方。屍體的膝蓋立起，以稍微有點髒的白布包裹著。身穿白衣的聖職者手持點燃火焰的稻稈，繞屍體三圈，然後慢慢地靠近屍體，接著也在屍體上點燃火焰。火焰像是在憤怒又像是在微笑般，或溫和燃燒或激烈地變旺，裊裊上升的煙也包圍住在上方觀看的我的身體。也許「被煙包圍」的這

▲在恆河沐浴的景象。

▲恆河畔的河壇。

種說法稍微有點不對，應該說是有一種身心像是「被死亡包圍」般，無法言喻的恐怖氣氛……

我在印度瓦拉那西恆河河畔的火葬場後方的便宜旅館（住宿一天約新台幣一四〇元），每天遠眺著屍體。每次蒙上屍體燃燒的煙霧後，就有如被「死亡」包圍般，因此食不下嚥。然而無論是火葬場也好，神聖的恆河也罷，印度人不但在這裡熟練地敲竹槓，也會來這裡向異性搭訕。

第一次前往瓦拉那西的恆河那天，被索取了比一般貴二十倍的船資；被飯店的業主綁架；在鹿野苑這處佛陀的聖地，還被強迫「因為佛陀也是在這裡享受性愛，所以我們也來吧！」……一直到剛剛為止都還誠心祈禱沐浴的人們，卻在接下來的轉瞬間睜著一雙發亮的眼睛直嚷嚷著要錢。所謂的宗教、聖地，到底是什麼呢？我一直反問自己。

恆河畔的火葬場

在恆河沐浴所聞所見

我認為如果在恆河中沐浴，也許就能了解印度人的感覺了，所以我也嘗試進入恆河中。

在旭日初升的早晨，我選擇了一處離火葬場和洗衣場稍微再往上游，汙染較少的河段。一腳踏進河中的我，冷得馬上就叫出聲來，但儘管如此，我還是一邊誠心朝拜，一邊面向太陽試著慢慢踏出步伐。腳底黏黏的感覺讓我感到非常地噁心，附近正在燃燒的屍體和堆積如山的垃圾影像不禁掠過腦海中。

隨著漸漸地習慣了冰冷的河水，我試著將大半的身體沒入水中直到胸部，並向著朝陽雙手合十祈禱。然後，在逐漸消除困惑和緊張中，懷著複雜的心情上到河壇*。

雖然據說在恆河沐浴後，之前所做的壞事可以全部淨化，但對我來說，卻沒有發生什麼好事。其實在恆河沐浴這件事，結果還是全憑自己的自由心證。對於不是印度教徒也對沐浴沒有什麼造詣的我來說，倒沒有什麼太大的意義。也許就是要身為印度教徒，才會有某種意義吧！

每天早晨在恆河沐浴的人很多，一對年幼的小兄弟則認真地在洗衣石上拋摔衣物，在「啪喳！啪喳！」宛如切東西的聲音中努力工作著。朝陽照耀下他們的身影顯得非常美麗，我每天觀看著這個景象，絲毫不會厭膩。

旁邊的火葬場燃燒著屍體；牛隻走過眼前；印度人前來敲竹槓……不管身體如何不舒服，人們都誠心祈禱，生命離不開奔流的恆河。我深深地感到有什麼「眼睛看不見的東西」從眼前流逝，也許現在的苦痛，是為了開啟「看不見的世界」大門的生命之苦吧！我在靜靜凝視著恆河的那些日子裡，如此想著。

即使時至今日，恆河河底的那股濕

*河壇 河川沿岸的階梯，供作沐浴、祈禱、火葬等的場地。

▲敲我竹槓的船。

▲在恆河沐浴的婦女們。

黏和看到屍體被燃燒時的感覺，以及其他淡淡的記憶，都還深深刻印在我的腦海裡。

和朝陽一起沐浴在恆河中

在恆河畔洗衣服的兄弟檔

Column

印度的理髮廳

僅僅兩年之間，路邊理髮攤已經從街頭上消失，轉變成有屋頂且工具齊全的現代化店面。

▲兩年前經常在路邊看到的理髮攤。

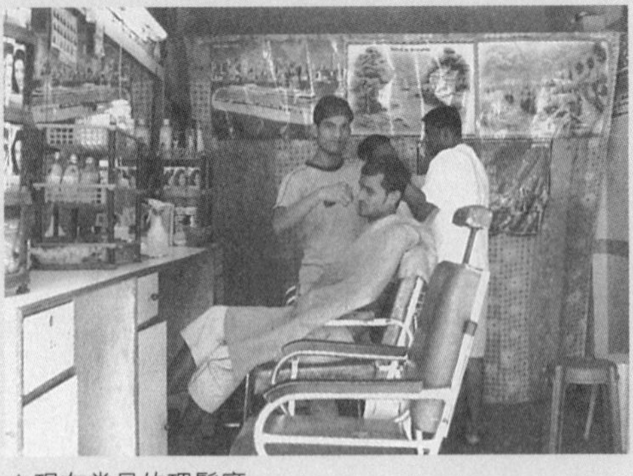

▲現在常見的理髮廳。

第10章

旅遊印度的樂趣

10-1 從火車到人力車，搭乘交通工具遊印度！

這裡有許多想嘗試搭乘的印度交通工具。

無論是平民代步工具——人力車，或是永恆的憧憬——宮殿列車，請一邊享受各式各樣的交通工具，一邊接觸印度的真實面貌吧！

腳踏人力車和電動人力車

飛機一降落印度，首先便會聽到漫天的人力車伕激烈拉客聲。腳踏人力車是一種像三輪車的交通工具，車子後半部是附有遮陽帆布的座位，而坐在前半部座椅的司機踩踏著腳踏板使車前進。至於電動人力車則是在腳踏人力車上裝設引擎。

在印度紛雜的街弄中，轉彎俐落的人力車非常地方便，不但坐在後方座位上的乘客可以清楚看見當地平民的生活風貌，即使車行在強烈的陽光下，清風徐來也是非常舒服的享受。但是，車資議價、不載往你投宿的飯店等麻煩問題也不少。然而包括這些問題在內，搭乘人力車正是體驗印度的一種絕佳交通工具呢！

計程車與公車

太累、行李太多，或要在巷弄中移動的距離太長等情況下，計程車是一種很便利的交通工具。但是和坐人力車一樣，必須在上車前清楚地交涉好價格。

▲電動人力車。

▲公車。

此外，行駛於市區中的公車，車資當然很便宜。但因為必須向當地人打聽公車站地點、向司機確認目的地，且非得忍耐擁擠不堪的車內狀況，所以建議適應旅程後再搭乘為佳。

火車、夜行列車、宮殿列車

印度的鐵路長度排行世界第五位，原本是英國為了在殖民地內的運輸所建造的，到了今天已成為平民階級最常利用的交通工具。搭乘火車不但可以眺望廣大的印度風景和人民的生活，也可以與鄰座的印度人交朋友。夜行列車的臥鋪配備齊全，雖然稍嫌狹小，但只用來睡覺已經足夠。只是，由於在治安上較令人無法安心，貴重物品絕不離身，行李以鍊條或鎖綁住會比較安全。

印度特有的宮殿列車，賦予你一段優雅又奢侈的旅程。這項交通工具擁有豪華的裝潢，人稱為「會移動的高級飯店」，當然也少不了美味的餐點及員工恭敬的對應。從車窗向外望，映入眼簾的是雄偉的印度大自然。此外，還有許多精心準備的活動。

腳踏人力車

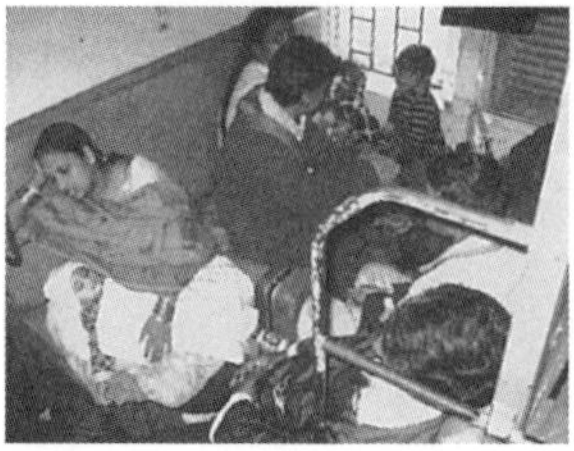

▲印度火車內部。

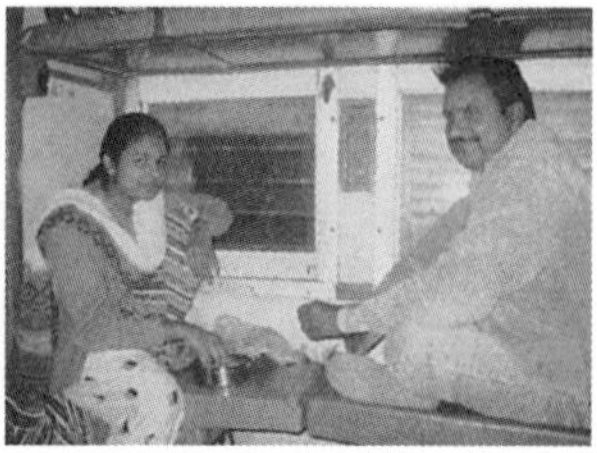

◀我在車內遇見的夫婦。兩人甜蜜地吃著自備的便當。

10-2

藉投宿各式旅館來了解印度

試著投宿各等級的旅館，品味多樣化的印度。

豪華飯店和家庭旅館等，投宿等級有別的飯店，可以看出印度表裡的貧富差異，以及根深蒂固的種姓制度。

豪華飯店

在印度的各都市中有許多豪華的大飯店，以孟買的泰姬瑪哈飯店為代表。鬆軟的紅地毯上，飯店服務人員畢恭畢敬地迎接，還有穩重而華麗的裝潢。觀光導遊櫃臺、游泳池、烤肉區、購物中心等必要服務一應俱全，住客能享受便利、舒適和奢侈的飯店生活。

在豪華飯店中，可以稱得上是優雅極致的便是宮殿飯店——王公飯店（Maharaja Hotel）。這是以過去邦大君（藩王制度時期的藩王）在拉賈斯坦居住過的宮殿或離宮改建而成的飯店。在這裡，可以短暫嚐嚐當邦大君的滋味。從宮殿能望見雄偉的拉賈斯坦的景致，也許從前的邦大君也這樣遠眺過吧！還有最高級的料理、在天花板閃耀的水晶吊燈……想不想在印度享受豪華飯店的服務？價格約新臺幣三千元到一萬多元。

中級旅館

所謂的商務旅館，在印度目前還算是少數。客房中有電視、冰箱、廁所、

▲泰姬瑪哈飯店的大廳。

▲便宜旅館的大廳。

淋浴間和床鋪等配備，基本設備完善。價格從約新臺幣四百元到一千八百元。

■家庭旅館

旅客經常利用的便宜旅館，在印度稱為家庭旅館（Guesthouse）。在大房間中並排著床鋪的團體寢室，共用廁所和淋浴間，價格約為一天新臺幣一百元，非常經濟實惠。但是，因為安全方面不甚理想，所以投宿家庭旅館時，貴重物品必須片刻不離地帶在身上。此外，因為能遇到從世界各國前來此地旅遊的人們，所以便於交換情報，有時候甚至能結交到朋友或是促成一段異國戀情，對旅客來說，是不可或缺的場所。此外，家庭旅館周遭大多是下層階級人民的生活場所，所以只要踏出家庭旅館，就能見到和豪華旅館截然不同的赤裸裸的印度情景。

■阿修拉姆、達蘭薩拉

瑜伽道場阿修拉姆和巡禮者的住宿處達蘭薩拉（Dharamsala）也是印度的住宿設施。不但價格便宜，而且洋溢著神聖的氣氛，所以如果有機會在旅行地遇到這樣的住宿場所，非常推薦你投宿一晚，必定能帶給你非常寶貴的體驗！

泰姬瑪哈飯店

▲印度人也喜歡在泰姬瑪哈飯店前方攝影留念。

Tip 關於印度的廁所

在印度，並沒有所謂的衛生紙。取而代之的清潔用具是小水桶和裝設在旁邊的自來水。右手拿小水桶裝水，然後以左手清洗，這是印度式清潔。沖廁所的水也是要自己裝，所以並不是像免治馬桶座那樣使用。也許一開始心理會有所抗拒，但因為每次上完廁所後都會用水清洗，所以臀部也很舒適涼爽，感覺非常舒服。即使會弄濕衣服和臀部，但在炎熱的印度，也是一下子就乾了。一旦習慣了印度式的廁所，在吃飯時就會和印度人一樣，很自然地只用右手吃飯。因為左手是在上廁所時用於清潔的，實在太噁心了，沒有辦法在用餐時毫不在意地使用。這樣就自然而然及成為習慣。無論是飲食、如廁、氣候和服裝等，全部都相互關聯。

探索釋迦牟尼足跡之旅

巡行佛教徒聖地的雄偉印度之旅。

佛陀誕生地「藍毗尼園」、佛陀成道處「菩提伽耶」、佛陀初轉法輪處「鹿野苑」，以及佛陀涅槃處「拘尸那羅」。且隨佛陀的人生旅遊四大聖地。

誕生地藍毗尼園

西元前五六三年，佛陀以釋迦族王子的身分誕生。據說他即將臨盆的母親摩耶夫人（Mahamaya）為了生產而回娘家，途中在藍毗尼園（Lumbini）休息。當季的沙羅樹和菩提樹花開茂盛，就在摩耶夫人伸出右手觸碰花朵那一瞬間，突然從右側腹生出佛陀。後世有一傳說，因為佛陀出生時沒有經歷痛苦即到人世，所以並未失去前世的記憶。

熱中幻想的幼年期和青年期

也許是因為異常的生產過程，母親摩耶夫人在佛陀出世後第七天便去世。據說念及兒子沒有母親的寂寞，父親淨飯王（Suddhodana）讓他依照夏、冬、雨季等季節居住在不同的豪華宮殿中，並儘可能滿足兒子的欲望。同時，父親視他為自己的繼承人加以養育，讓他接受涵括學術與武術的高水準教育。佛陀雖然富裕，卻也和外界完全斷絕聯繫。他透過從窗戶能看見的街景、父親與外國商人的對話，以及不知從哪裡聽到的

▲藍毗尼園。
（攝影／Prince Roy）

▲菩提伽耶。
（攝影／Prince Roy）

吟遊者的詩歌等，使他對於遙遠的異國與庶民生活等外界的想像也日益膨脹。

結婚、出家

在經典中有「佛陀在豪華宮殿中過著被多名美麗女子包圍的墮落生活」的情節。既聰明又英俊的佛陀在十六歲時結婚，留下「在這世上從來沒有像美麗的女性那樣能抓住男人的心」的說法。佛陀在青年時期談過多次戀愛，那纖細的心靈一定也讓他嚐盡了戀情悲歡。

接下來，在某個命運之日，到城門外散步的佛陀看到病倒在路旁的痛苦之人、上了年紀的老人，以及為貧窮所苦之人……在此之前被美好事物包圍的佛陀所遇到的是無止盡的可怕現實世界。二十幾歲時度過了苦惱的每一天；到了二十九歲，佛陀不顧周圍人們的反對，入沙門（Sramana）出家，最後留下妻子和孩子，自己則出城去。

佛教聖地

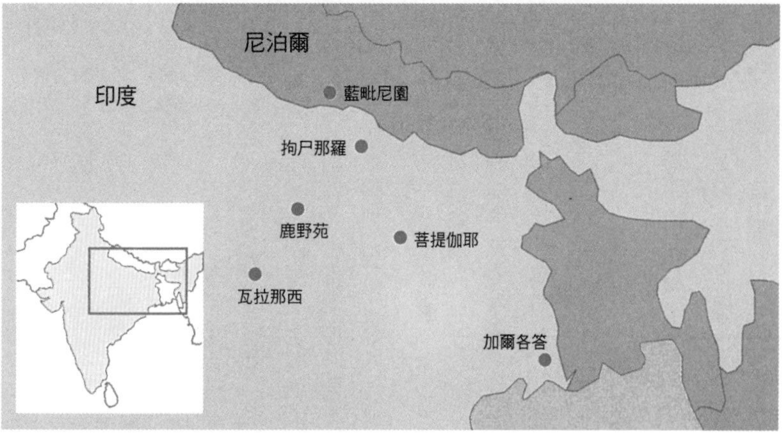

修行之地王舍城與菩提伽耶

出城後的佛陀，沿著交易途徑前進，到達當時的俱薩羅王國的首都王舍城（Rajgir）。當地被五座大山所包圍，許多修行者聚集於此，進行瑜伽和冥想等修行。

接著，佛陀再度出發旅行，造訪印度各地，最後前往的修行地點是現在的菩提伽耶的尼連禪河（Nairanjana，今法爾古河）沿岸。佛陀一直在這裡不眠不休地進行冥想、斷食、止息等，專心地從事稱為苦行的數種修行。

苦行持續了六年，佛陀終於發現像這樣的修行並無益於世界。雖然進行苦行那一瞬間的精神狀態會接近頓悟，但那也只是一瞬間之事。他由此覺悟到，勉強地抑制欲望，反而會讓自己的精神和肉體扭曲。

菩提樹下頓悟的佛陀

佛陀結束長年的修行，站起來離開苦行林，到尼連禪河裡洗淨身體。就在佛陀的體力到達極限，極端衰弱時，對他伸出救援之手的是在鄉里中牧牛的女子難陀波羅（Sujatha）。偶然經過的她很擔心佛陀的身體，拿出乳糜給他。經過六年之久的苦行之後，佛陀所吃下的乳糜想必是比什麼都還要美味吧！因此佛陀說他這一輩子都不會忘記難陀波羅的名字。

佛陀吃下了乳糜，也恢復了體力，於是在遠眺尼連禪河的無花果樹（後稱為菩提樹）下開始打坐，在涼爽的樹蔭中閉上眼睛。接下來，他終於在那瞬間頓悟、覺醒了，成為「佛陀」。那年他三十五歲。

▲鹿野苑。

▲鹿野苑的壁畫。

佛陀初轉法輪處鹿野苑

佛陀初次弘法之處，是在當時印度最大的村莊瓦拉那西郊外的鹿野苑。此處是出家修行者聚集的場所，相傳佛陀初次弘法的對象是五位修行者和鹿群。

這正是日後經過二千五百年仍然持續為人們所信仰的佛教的開端。

佛陀涅槃處拘尸那羅

佛陀和弟子們一起一邊托缽，一邊持續弘法之旅。弘法上自富豪，下至貧民、盜賊，跨越階級地廣泛散布，據說特別是都市地區的上流階級人們信仰更是虔誠。印度第一個統一帝國摩揭陀王國的頻毗娑羅王（Bimbisara）布施精舍（Veluvana）給佛陀，而富豪須達長者（Sudatta）則布施了祇園精舍。之後，佛教經由商人之手，沿著交易的路線遍及諸國，並透過絲路由西域傳入中國，再到日本。

在長期旅行的最後一程，患病的佛陀以故鄉為目標繼續旅行，然後在旅行途中坐在拘尸那羅（Kushinagar）盛開的羅娑羅雙樹下，結束了佛陀的一生。

最初的語言與臨終的遺言

據說佛陀誕生時說過「天上天下，唯我獨尊」，意思是「宇宙間的萬事萬物，世上所有人都是最尊貴的。」而佛陀臨終時的遺言，據傳是「世事萬物無常，勿怠惰勤努力。」

▲拘尸那羅。（攝影／Prince Roy）

10-4

到印度變漂亮吧！——印度的美容之旅

到印度，女人會變美麗！

造訪印度，女人必定會變美，這是筆者的論點。

瑜伽聖地瑞許克斯

到印度，女人會變漂亮！為何這麼說呢？這是因為人在夏天會大量流汗、鍛鍊精神層面，還有吃壞肚子身體不舒服導致體重減輕等情況，而瑜伽和阿輸吠陀*等現在甚為流行的美容方式，在當地也能以便宜的價格進行體驗。

瑜伽聖地瑞許克斯，據說披頭四曾經到此地進行修行，它是全世界非常知名的場所，是一處位於恆河上游美麗山谷中的小村莊。

投宿於被瑜伽人（從事瑜伽運動的人）稱為「阿修拉姆」的宿舍的人很多，在村莊中也有幾間瑜伽教室。一開始人們會在幾間教室逛一圈，從中選擇自己喜歡的老師、教室和課程上課。瑜伽人中有人進行一週的短期修行，也有人進行半年到一年的長期修行。投宿於阿修拉姆包吃包住一天從二五〇盧比（約新臺幣兩百元）起跳，價格便宜，在住宿費上不會花費太多金錢。一般來說，早晨和傍晚都有瑜伽教室開課，白天和夜晚大家都一面眺望恆河，一面唸書或聊天，過著隨心所欲的日子。

瑞許克斯也是印度教的聖地。在恆

＊**瑜伽與阿輸吠陀**
瑜伽體驗心得參見第九章第三節；關於阿輸吠陀則請參見第九章第一節。

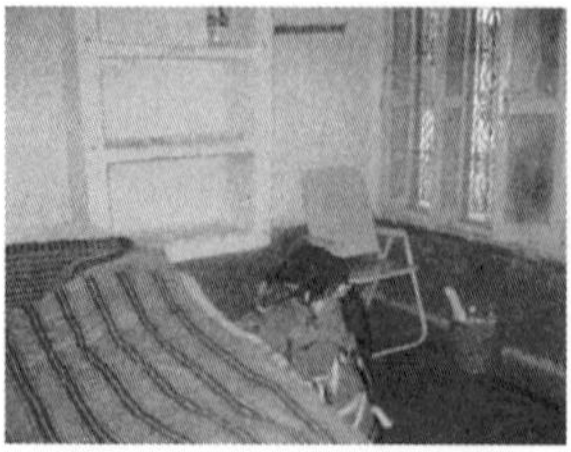

▲瑜伽修行道場的客房室內。

河奔流、廟宇林立的城鎮中，從印度國內聚集於此的印度教教徒，以及從世界各國聚集於此的瑜伽人，都生活於此。瑞許克斯是一處不可思議的靈修地，令人感覺舒適，即使對於旅人來說也是一處聖地。

阿輸吠陀的聖城——喀拉拉邦

當然，瑜伽並不僅止於瑞許克斯，在印度各地都能修行瑜伽。例如堆文竹（Trivandrum）與科摩林角等許多地區也有瑜伽道場，人們能夠以便宜的價格學習到正統瑜伽。此外，阿輸吠陀也能夠在印度各地進行，約新臺幣三百元的合理價格就能享受得到。

其中可以稱為阿輸吠陀聖城的，是南印度的喀拉拉邦。在此一面於椰子樹下聽著海潮的聲音，一面接受各式精油按摩，想必更具療效。

瑜伽道場

10-5

接觸印度大自然之旅

從「世界屋脊」喜馬拉雅山，到保護象、野鳥和濕原的國家公園。

一聽到印度的大自然，也許有些人會感到意外。其實，印度擁有喜馬拉雅山脈的一半、超過五十座國家公園以及三百七十座以上的自然保護區，只有多采多姿的地形和廣大的土地才能給你大自然的享受。

喜馬拉雅山健行

一詢問喜馬拉雅相關事項，也有很多人會聯想到尼泊爾，但事實上，喜馬拉雅山脈的一半橫亙於印度的北方。若要從印度前往喜馬拉雅山健行，也許從喜馬偕爾邦、北安查爾邦或是錫金入山會比較好。但因為這些路徑並不如尼泊爾般觀光化，所以建議一定要有導遊同行，只要在各項準備和安排也花費少許時間和精神，就能和喜馬拉雅雄偉的山巒景致，以及在山中生活的樸素山岳民族的人們相遇了（詳細內容請參照下一章節）。

登錄為世界遺產的五座國家公園

松達班國家公園擁有世界上最廣闊的紅樹林，從加爾各答連綿約一百公里的濕地中，棲息了老虎、鹿、猴子和野鳥等動物。登錄「瀕危世界遺產名單」中的是馬納斯野生動物保護區，棲息了黑豹和熊狸、印度澤鹿，雖然以特別生

▲在健行途中，會與各種民族和人們錯身而過。

物保護區登錄於世界遺產中，但由於「地區紛爭破壞建設和政治情勢不穩定，導致非法漁獵增加」，讓此地陷入危機。其他還有棲息了印度犀牛的卡濟蘭加國家公園，以賞鳥聖地知名的蓋奧拉笛歐國家公園，以及擁有位於中國西藏國境附近高山地帶生態系統的南達德威國家公園等。印度有許多國家公園，觀光客可搭乘汽車或大象，在園內盡情享受。

雖然印度的歷史遺產舉世聞名，但是不是也可以試著接觸廣大的土地所孕育的豐富大自然呢？

雄壯的喜馬拉雅山脈

10-6 喜馬拉雅山健行

穿越熱愛山巒和自然的人們所憧憬的喜馬拉雅世界。

「喜馬拉雅百英里路跑」是指在喜馬拉雅山麓標高約四千公尺處，進行五天的路跑競賽，參加資格或時間長短都沒有限制，而且任何人都可以參加。

參加「喜馬拉雅百英里路跑」

從印度首都德里轉國內線飛機前往巴多格拉（Bagdogra，靠近大吉嶺），再從這裡乘坐吉普車搖搖晃晃近兩小時，終於到達喜馬拉雅山腳下。聳立的山脈山腳下，可以看見一大片廣袤的清香茶園，當地女性們摘取紅茶茶葉的模樣，即使在這樣的深山中，也能讓人感受到英國人殘留在印度的份量。

賽事第一天的距離是三十八·四公里。早晨四點半起床，搭乘巴士一個半小時到達標高二二〇〇公尺的出發地馬尼邦迦（Manibhanjang），氣溫約攝氏二十度。長袖襯衫加上防風外套，然後再穿上夾克，仍然感覺很冷。當地人演奏藏族特色強烈的音樂，在高昂情緒中，比賽開始！所有跑者都以驚人的速度在小小的村莊中衝刺，奔跑於山中。

路線在印度和尼泊爾的國境地區，在大約一輛吉普車可以通過的狹小道路，在慢慢被周圍的霧氣團團包圍的同時，自己的體力與力氣也漸漸被奪取。路上雖然也有數次可以看見民家，但是

▲喜馬拉雅競賽的起點。

沒有稻田或什麼其他農作物，這些居民到底是怎麼生活的呢？根據之後聽到的說法，這裡的居民正準備好要過冬，儲備好食糧，再過一個月這裡就會被白雪所覆蓋，所以他們會在家中足不出戶。即使是這樣的生活方式，也能感受到生在此地的這些居民的韌性和人類生存方式的奇妙。

下午四點半，終於到了目標雪巴（Sherpa）的村落。這時的氣溫是攝氏八度。也許是因為高山病或是今天一整天的疲憊，我被激烈的頭痛所襲擊。隔壁床位來自英國的跑者芭芭拉因為嚴重的高山病，反覆嘔吐多次，並吊了點滴。同一房的希拉蕊因為在賽事中途跌倒，似乎是骨折了，她表情凝重，手腕打著石膏。從世界各國聚集於此的跑者們，早上還是意氣風發的參賽者，但在賽事的第一天結束的現在，大多數的跑者都鑽入了睡袋裡，一動也不動。這就是「喜馬拉雅百英里路跑」的第一天夜晚。

奇怪的景象……「為什麼我要做這麼痛苦的事情呢？」我反覆地在腦海中自問自答。我深深地覺得，就有如要被喜馬拉雅山考驗些什麼般，所以受到這樣的痛苦。

奔馳於喜馬拉雅

難忘的喜馬拉雅拂曉

第二天的早晨五點，氣溫攝氏零度。為了看日出一走出小屋外，馬上就被震懾住了。在微暗的黑幕中，侵入眼簾彷彿直逼目前般高聳、雄偉的是干城章嘉峰＊。隔壁是聖母峰（Everest，艾佛勒斯峰、珠穆朗瑪峰）＊、洛子峰（Lhotse）＊及馬卡魯峰（Makalu）＊。昨天因為大霧什麼都看不到，但今天隨著太陽高昇，喜馬拉雅慢慢地展現出它的雄姿。朝陽照耀覆蓋著山巒的白雪，描繪出光與影。在刺骨的寒冷中，跑者們忘記了昨日的疲憊，目不轉睛地注視著朝陽，只是沉默地站著。

第二、三天的路線是國家公園內的道路，腳下是鬆軟好走的腐葉土。大家一面遠眺著左手邊的聖母峰與右手邊的干城章嘉峰，一面在山巒中奔跑。

身體就像是在天國中奔跑般輕盈，心情像天空般晴朗。被大規模的事物所包圍，總覺得連心情也變得跟它們一樣廣闊了。就連小煩惱也像是能聽到微微的聲音說：「喜馬拉雅山是不會在意這種瑣事的！」因而完全煙消雲散。

最後一天，和其他的參賽者聊天，像是要領會最後的喜馬拉雅之地般，大家漫步於其中。緩慢行走的我們被一個背著一公尺長樹木的男孩超越了過去。在這個賽事中，已經和好幾個人錯身而過吧！正當我回想這次的賽事到底和幾個人的生活方式相遇時，第一天出發地馬尼邦迦的村莊景致終於又再度浮現眼前。是的，我終於回來了。賽事第五天的下午一點，我們在當地小學生們的笑容迎接中，衝過終點線。

喜馬拉雅山教我的事

第一名是花了十六小時十七分鐘跑了一百英里（十六公里）的賽吉歐・斐南德斯・培雷斯（西班牙人）。筆者約

＊**干城章嘉峰** 世界第三高峰，高八五八六公尺。

＊**聖母峰** 世界第一高峰，高八八四八公尺。

＊**洛子峰** 世界第四高峰，高八五一六公尺。

＊**馬卡魯峰** 世界第五高峰，高八四六三公尺。

▲穿越雄偉景致的跑者。

花費了三十四個小時。但是，也許這場喜馬拉雅路跑並不需要談及數字，因為這個比賽的箇中滋味並不在成績本身，只有在自己領會到喜馬拉雅山的偉大中才有答案。自己的身體要在多短的時間內適應標高，適應距離等，參加者自己都能清楚地感覺到。例如，來自英國一位名為凱美拉的女士，曾在坡道上以虛弱的聲音說：「我居住的倫敦高度只有一百公尺，這種高度我受不了。」但到了最後一天，她卻一面在陡峭的坡道上展現笑顏說：「這是多麼美好的地方啊！」一面奔跑著。「走路的時候，你都在想些什麼呢？」面對筆者的問題，她回答：「我在任職的銀行整天只是數著錢，完全沒有想過自己的事。但是在這裡，卻可以問自己各式各樣的問題。等回到英國，我想要重新開始。」

　也許，在喜馬拉雅路跑中所得到的並不是跑步時間的結果，而是詢問自己的時間吧！這是一段非常神聖靜謐的時刻，如果要形容，也許可以說是跑步時的冥想吧！在喜馬拉雅山遇到的事物，我認為是同樣生活在地球的其他人類的笑臉、人類生存方式的多樣性，以及自我的可能性。就這樣，筆者將喜馬拉雅的美麗夕陽、世界各國的跑者好友、印度人的笑顏，再加上「冥跑」的技巧放進背包中，結束這次的喜馬拉雅路跑。

＊喜馬拉雅百英里路跑
・二〇〇六年度行事曆
十月二十七日至十一月三日
・主辦：Himalayan Run and Trek Pvt, Ltd.
・官網：http://himalayanruntrek.com/stage.htm
・聯絡窗口：代表人Mr. C. S. Pandey（hrtplel2.vsnl.net.in）

▲喜馬拉雅山的朝霧。

10-7

旅行計畫與注意事項

如何在深邃廣大的印度安全地旅行呢？

規劃有效率的印度走透透行程固然有趣，但在印度旅行時，請理解他們的宗教，並仔細注意衛生和治安等問題。

寬鬆的時間表

經常因為不遵守時間而產生許多糾紛的印度，火車延遲一小時到站算是還可接受的狀況，嚴重的時候也有延遲一天或兩天的情況。在印度，和計程車司機及飯店人員爭執、在公車裡遇到麻煩，是無法如己所願的，因此，這時候不生氣，認知這裡是印度，然後悠閒地旅行，是享受印度之旅的最大祕訣。正因為如此，計劃一個無論遇到什麼樣的麻煩都能像一點事都沒發生般的寬鬆時間表，進行隨機應變的準備吧！

依照旅行時間的路線規劃方式

在一週到十天的團體旅行中，造訪北方的德里、阿格拉、齋浦爾等金三角＊，加上聖地瓦拉那西的行程，是最受遊客歡迎的。

從德里開始往南，到阿格拉、瓦拉那西，接著朝加爾各答南下觀光，回程時搭乘從加爾各答開往德里的特急列車也很有趣。

若是有兩週到一個月時間的個人旅行，是以德里為中心，加上加爾各答、

＊金三角
請參照第一章第五節。

▲來去印度！

齋浦爾等北印度，也能到孟買和清奈等南部的都市走走。

擁有一個月以上時間的人，則可以在想去的地點進行長期停留，搭乘公車或鐵路嘗試周遊印度全國，也是不錯的選擇！

注意事項

印度有許多觀光地點是宗教意義濃厚的寺廟和聖地，請避免穿著無袖上衣或短褲等服裝。此外，脫掉的拖鞋千萬不要靠近神明附近，必須仔細注意當地人的行動小心行事才是。如果對於他們的神明做出失禮的行為，會讓人認為是汙辱印度人，這可是一種無知之罪。

此外，許多旅遊於印度的人會吃壞肚子。對策是不要吃太過辛辣的食物、不要飲用礦泉水以外的水、點印度奶茶和果汁時請店員不要放冰塊，不要因為忙碌的行程讓自己太過勞累，儘量多休息。若能如此注意，便可以保有較為良好的身體狀況吧！

旅行路線的例子

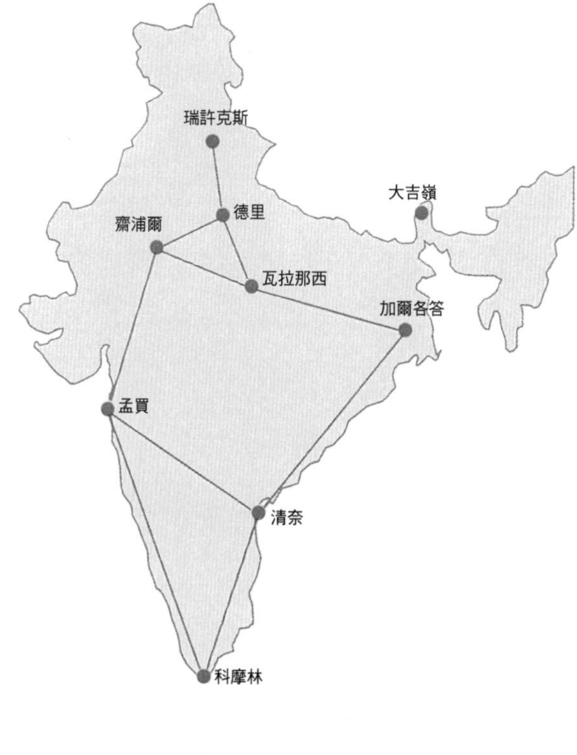

行李
□後背包
□腰包（將後背包暫時放下，到處閒逛時使用）
□貴重物品袋（在衣服裡暗藏的小袋或小腰包等）
□錢包
□衣服（T 恤、羊毛衫、褲子、裙子等，請斟酌氣候準備）
□內衣
□雨衣
□泳衣（如果預定到海裡或河流）
□拖鞋（無論是房內或戶外都一定需要！）
□鞋子
□帽子
□太陽眼鏡

便利品
□鬧鐘
□手錶
□相機
□電子記事簿
□音樂播放器
□旅遊書
□記事本
□包包鎖（轉盤鎖或 R 字鎖）
□手電筒
□瑞士刀
□裁縫盒
□塑膠袋
□緊急食品（速食湯或速食麵等在生病或懷念家鄉口味時食用）

▲背著登山背包，走進混沌的世界。

愉快進行印度之旅必備物品清單

重要物品
□護照
□現金（考慮旅行天數和停留方式的金額）
□信用卡（顧及安全層面，不要使用為佳）
□海外旅行保險
□航空機票
□緊急聯絡人
□各種重要資料的影本（特別是如果帶著護照影本和個人照，護照遺失十遍也可以順利地補發）
□簽證（查證）
□國際駕照（可以在當地騎機車，騎乘出租機車感覺非常舒服，在此推薦）

日常用品
□面紙
□濕紙巾
□毛巾、手帕
□牙刷、牙膏
□肥皂
□洗髮精、潤絲精
□梳子、髮刷
□小鏡子
□剃刀、刮鬍刀
□耳挖、指甲刀
□洗衣繩

醫藥品
□藥（特別是醫治腹瀉等的腸胃藥和感冒藥）
□消毒藥
□蚊香、殺蟲止癢藥

Column
印度的體驗

▲在樹下睡覺的人。

▲印度的巷弄。

▲在恆河中沐浴。

第一次來到印度，任誰都會被這裡的汙濁、混雜以及招攬客人的喧囂嚇得目瞪口呆。然而，只要悠然遨遊於印度這條大河中一次，就會忍不住對流洩於此地的獨特悠久空間感到心曠神怡。

在此之前的常識及既有觀念崩解之時，將會引導你到何種境地呢？

印度想必會為你的內心創造一個新的世界吧！

後記

如果沒有一位印度男性，我想這本書最後將無法完成。他的名字是**Mr. Ranjith Henry**。身為印度具代表性的社會活動家，他不只為我介紹了許多活躍於各領域的印度人，並且總是給我確切且中肯的建議。經濟發展如何？文化？民主主義？宗教？我認為透過和他的交流，我真的學習到很多。

本書著重於印度的精神層面，同時也很驚人地將世俗部分赤裸裸地記載下來。在完成急速地經濟發展的另一面，貧困階層較過去增加所產生的嚴苛情況，如此嚴重的經濟差距是我們外人想像不到的。**Mr. Ranjith** 告訴我許多在社會變化的過程中所漸漸失去的印度文化尊嚴，所謂的多樣化包括了差異，同樣地也包括了最旺盛的強盛國力。怎樣才能創造多樣且和平的世界？這也許還需要今後的印度人們還有我們自身的行動吧！

在這本書的最後，要對在百忙之中給予我編輯上協助的各位，致上最高的謝意。

承蒙藤原愛小姐、吉田耕一先生、永田麻衣子小姐、林香苗小姐的特稿；好心接受採訪的後藤主神官、比佐繁文主廚、萩島由紀子小姐、小村貴子小姐、Mr.Alito Squeira、Ms.Norma Alvares、Mr.Roland Martins，以及在印度相遇的許多朋友們；給予我許多建議的永元哲治先生、Mr.Ranjith Henry，以及秀和System第一出版編輯部的大家。

Michi Kaihata

十三劃

十四劃

十五劃

十六劃

十七劃

十七劃以上

九劃

十劃

十一劃

十二劃

索引

國家圖書館出版品預行編目資料

圖解印度 / Michi Kaihata 作. -- 初版. 臺
北縣新店市 : 世潮, 2008.01
面； 公分. --（閱讀世界 ; 18）
參考書目：面
含索引
ISBN 978-957-776-896-4（平裝）

1. 印度

737.1 96025422

閱讀世界 18

圖解印度

作　　者／ Michi Kaihata
總 編 輯／申文淑
責任編輯／傅小芸
出 版 者／世潮出版有限公司
發 行 人／林正村
登 記 證／局版臺省業字第 5108 號
地　　址／（231）台北縣新店市民生路 19 號 5 樓
電　　話／（02）2218-3277
傳　　真／（02）2218-3239（訂書專線）
（02）2218-7539
劃撥帳號／ 17528093
戶　　名／世潮出版有限公司
單次郵購總金額未滿 500 元（含），請加 50 元掛號費
酷 書 網／ www.coolbooks.com.tw
排版製版／辰皓國際出版製作有限公司
印　　刷／長紅彩色印刷公司
初版一刷／ 2008 年 1 月
二刷／ 2008 年 5 月

定　　價／ 280 元
I S B N ／ 978-957-776-896-4

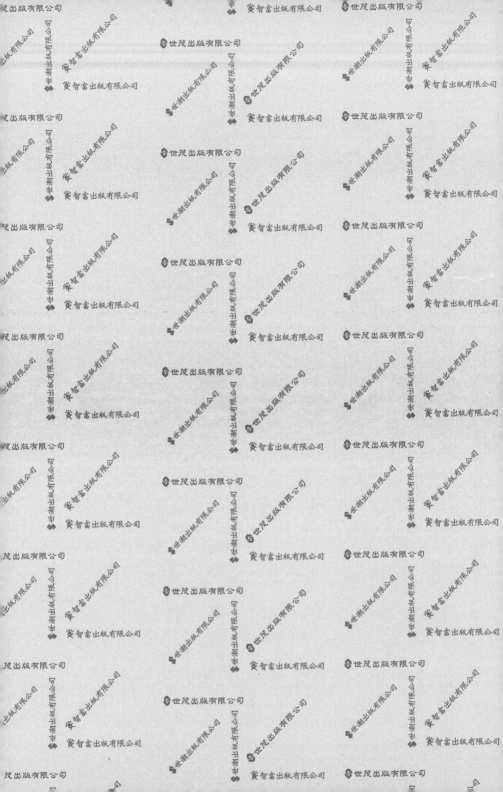